KB058356

"지구에서. 역사상.

　　　　제일 신나는 시한부가 되어줘."

"나에게 너는 있잖아… 아주 친밀하고…
                   아주 소중해. 친애한다는 말이야."

"내 인생에 처음으로 온 큰 행운이야.

그 행운… 너 가져가.

그래서… 4년만 더 살아. 4등짜리잖아."

서른.아홉

1

서른, 아홉

1

유영아 대본집

arte

차례

기획 의도

정말 내일모레 마흔, 빼박입니다.
곧 마흔인데 뭘 제대로 해놓은 것도 없고, 불안하긴 20대나 30대나 마찬가지입니다.

빈익빈 부익부는 이 나이에도 따라붙어 있는 집 애는 있는 집 서른아홉이 되고.
없는 집 애는… 엄마 집에 얹혀살기도 합니다.

이 나라가 열심히 일한다고 돈이 모아지는 나라인가요.
오늘 벌어 모레까지 쓸 수 있다면 잘 버는 거 아닌가요.
곧 마흔이 된다니 좀 불안합니다.
결혼도 안… 아니 못 했고. 돈도 그닥 없고.
이러다 아프기라도 하면 큰일입니다.
나이 들어 여전히 혼자면 실버타운이라도 들어가야 할 텐데 괜찮은 실버타운은
2억은 있어야 받아준답니다. 한 40년 후면 3억? 정도로 인플레이션되겠죠?
당장 300도 빠듯한데 3억이라뇨.
그래서 그녀들은 단골집에서 맥주나 마시며 오늘을 자축합니다.

이 나이가 되어도 이놈의 심장은 여전히 콩닥거립니다.
어렸을 때보다 더 쉽게 콩닥거립니다. 절대 금사빠는 아니었는데.

나이 들어 그런가… 눈만 마주쳐도 의미를 부여하며 과하게 몰입합니다.
99프로는 헛물켜고 끝나지만 혹시나… 하는 마음에 오늘도 아무 데나 설렙니다.
미친… 누가 마흔을 불혹이라고 했을까요? 그땐 밤의 문화도 없고 잘생긴 김수
현도 없어서 함부로 '불혹'이라 강요했다고 봅니다!

사실 이 드라마 그녀들은 곧 서른아홉치고는 철이 좀 없긴 합니다.
여전히 사고치고 서로 해결해주고.
서로의 사랑을 응원하다가 비난도 하고.
제일 잘 버는 그녀에게 빨대 꽂으며 오늘의 소맥을 달립니다.
그럭저럭 괜찮은 서른아홉 인생이라 건배를 하던 어느 날.
우리가 이별해야 하는 인연인 것을 알게 됩니다.
우리는.
이토록 서로 '친애' 하는 줄.
미처 몰랐습니다.
참으로 파란만장한 우리 그날의 이야기입니다.

차미조
39세, 제이피부과 원장

일곱 살에 입양되어 남부러울 것 없는 환경에서 사랑을 듬뿍 받으며 잘 자랐다.

고2 어느 날, 친모를 찾아 나섰다가 위기에 빠진 순간 두 아이를 만났고 절친이 되었다.

병원 개원하느라 받은 대출을 다 갚은 날, 1년 동안의 안식년을 계획한다. 공황장애가 심해져 팜스프링스로 가 골프나 치며 쉴 생각이다.

하필 이때 나타났다. 선우라는 남자. 곧 떠날 거니 하루쯤 마음 가는 대로 해도 좋을 거 같았다.

오랜만의 설렘으로 신나던 그때, 말도 안 되는 일이 터졌다.

정찬영
39세, 연기 선생님

배우가 꿈이었다.

좋은 기회도 있었지만, 첫 촬영 날 사고가 나면서 꼬이기 시작했다. 진석의 탓인 것만 같아 그를 원망했었다.

그때 헤어진 진석은 유학을 다녀와서 결혼을 했다.

결혼 후 진석은 사업을 시작했고 찬영에게 소속 배우들의 연기 지도를 부탁했다.

계속 거절하다가 이렇게라도 연기라는 끈을 놓치고 싶지 않아 일을 맡아 하게 된다.

마흔이 되기 전에 끊어내고 새롭게 시작해보려던 그 때, 시한부 판정을 받게 된다.
가는 길 질질 짜지 않기로 했다.

장주희
39세, 백화점 매니저

평생 소심 그 자체로 살았다.
그나마 친구인 미조와 찬영이 아니면 일탈이라고는 없었을 인생이다.
고 3 때 암에 걸린 엄마를 간호하느라 바빠 대학을 가지 못했다.
그러다 20대 중반에 취직을 했고 서른아홉이 되도록 지루하게 살고 있다.
아직 연애를 한 번도 해보지 못했다.
어느 날 동네에 퓨전 중국집이 생겼다. 가게 주인이며 셰프인 남자가 자꾸 눈에 든다.
이 와중에 찬영은 슬픈 소식을 전해 왔다.
앞이 캄캄하다. 미조와 찬영이 없는 인생은 생각도 못 해봤다.

김선우
39세, 피부과 의사

부모님을 따라 고등학교 때 미국으로 이민을 갔다.
의대에 진학했고 미국의 대학병원에서 안정적인 의사

생활을 해왔다.

서른아홉이 되어 다시 한국으로 들어왔다.

어머니가 돌아가시고 갑자기 사라진 여동생 소원이를 보살피러.

소원이를 입양했던 온누리보육원에서 봉사하며 동생의 어린 날들을 만나보려던 그때, 미조를 만난다.

1년 넘는 한국 생활 동안 친구도 만나지 않고 고독하게 버티던 선우의 마음이 쿵 흔들렸다.

김진석
42세,
챔프엔터테인먼트 대표

미조를 잠깐 보러 갔다가 찬영을 만났고 첫눈에 반했다. 찬영과 결혼하고 싶었지만 집안의 거센 반대에 부딪혔다.

본인이 찬영의 배우로서의 앞길을 막은 것 같아 이별 후 유학을 떠났다. 정신 나간 놈처럼 놀다가 다시 정신을 차렸을 때 찬영이 없인 못 살겠다는 생각이 확고해졌다.

귀국 후 다시 찬영을 찾으려던 그때 강선주가 나타났다. 그 하룻밤의 일로 아이가 생겼을 거라고 상상도 못 했다. 지금은 찬영에게 소속사 배우들의 연기 지도를 부탁해 가끔씩 본다.

박현준
35세,
차이나타운 사장 겸 셰프

자신의 요리를 하고 싶어 호텔 셰프를 그만두고 작은 중식당을 열었다.
열심히 일에 집중하다 보니 개업 후론 가게 밖에서 데이트를 거의 하지 못한다.
여자 친구인 혜진은 현준이 호텔 수석 셰프 자리를 고사한 것을 못마땅해해 점점 다툼이 잦아진다.
가게의 단골이 된 주희와 가끔 술 한잔을 기울이며 친해진다.

김소원
29세, 선우의 동생

줄리아드 음대를 졸업한 피아니스트.
너무나 사랑했던 엄마가 병으로 일찍 세상을 떠났다.
그 상실감과 불안감이 걷잡을 수 없이 커져 방황을 하게 된다. 참담한 시간을 보내고 있을 때 오빠가 소원을 찾으러 한국에 왔다.
그리고 오빠 곁에 있는 미조. 그녀의 현실적인 말들에 마음이 싸한데 이상하게 따뜻하다.

차미현
44세, 피부과 실장,
미조의 언니

미현이 나이 열 살, 엄마 아빠를 따라간 보육원에서 다섯 살 미조를 만났다.
귀엽고 예쁘게 생겼지만 말이 없던 아이.

미현의 눈엔 유난히 외로워 보이는 그 아이가 계속 밟혔던 것 같다.

그 이쁜 아이를 더 이상 보육원 두고 오고 싶지 않다는 생각이 들어 부모님께 먼저 말을 꺼냈다.

그때부터 지금까지 미조의 절대적인 편이 되어주는 언니다.

강선주
37세, 진석의 아내

꽂히면 가져야 하는 여자다.

미국에서 남자 친구와 동거 중에도 서로 클럽도 다니며 즐겨도 터치하지 않았다.

어느 날 클럽에서 누군가와 통화하며 눈물을 글썽이는 진석을 보았다. 저런 따뜻한 남자가 그리워하는 주인공이 되고 싶다는 생각이 들었다.

진석이 귀국한 후 바로 따라 귀국해 아버지를 졸랐고 진석의 아내가 되었다.

일이 술술 풀려서 이건 운명이라고 생각했다.

조혜진
27세, 대학원생,
현준의 여자 친구

현준의 여자 친구.

자주 현준의 가게에 와서 일을 도와준다.

가게에서 데이트하지만 이것도 하루 이틀이지 점점 지

루해진다.

아직 친구들에게 현준이 호텔을 그만둔 것을 말하지 못했다.

호텔보다 중국집 사장인 게 더 행복하다는 현준을 이해할 수 없다. 그 일로 현준과 자꾸 싸우게 된다.

용어 정리

S#   장면(Scene)을 의미하며 같은 장소, 같은 시간 내 이루어지는 행동,
            대사가 한 신을 구성.

FB   플래시백. 회상 장면을 나타냄.

cut to.   가까운 공간 안에서의 각도 전환.

인서트   신 중간에 들어가는 삽입 장면.

몽타주   따로따로 편집된 장면을 짧게 끊어서 붙인 화면.

점프   점프컷. 연속성이 없는 두 장면들을 짧게 끊어서 붙인 화면.

(N)   내레이션을 뜻하며, 장면 밖에서 들려오는 목소리.

(E)   효과음(Effect)을 뜻하며, 등장인물은 보이지 않고 소리만 나는 경우
            사용.

(F)   필터(Filter)의 약자로, 전화기 너머의 목소리를 표현할 때 사용.

제1화

서른, 아홉

1. 그녀들의 몽타주

/나란히 누워 타이 마사지를 받는 미조, 찬영, 주희.
스트레칭을 해줄 때마다 '어이구… 으… 아유 시원하다….'
중년 아저씨들 같다.

미조(N)   우리는 서른아홉이다. 열여덟에 만나 남이 해주는 스트레칭이 제일 시
원한 나이가 돼버렸다.

/즉석 떡볶이가 바글바글. 호호 불면서 미친 듯이 흡입 중인 미조, 찬영,
주희. 미조는 상당히 세련되었고 찬영은 보이시하며 주희는 노멀, 완전
보통의 여자.

미조(N)   열여덟에 떡볶이 먹으며 놀고먹을 때, 낼모레 마흔이 되어서도 떡볶이
먹고 놀 줄 몰랐다.

주희, 소주병 목을 탁탁 치더니 회오리를 만든다. 얼굴은 매우 무심하
다. 미조와 찬영은 자연스레 잔을 받는다. 별말도 없이 건배하고 소주
원샷.
주희가 김말이를 잡으려고 하는데 미조가 먼저 집어 먹는다. 저런 쌍….
찬영이 만두를 넘겨준다. 주희 별말 없이 만두로.

미조(N)   달라진 건 콜라 대신 소주란 것뿐. 여전히 떡볶이는 소울푸드다.

/등산복 차림으로 등산로 입구에 선 미조, 찬영, 주희. 장비와 복장은 산악인이다. 누구 하나 먼저 나서지 않고 뜸을 들인다.

찬영   신중해야 돼. 섣부르면 다쳐.
미조   나 어제 골프 치다 발목 삐끗했어.
주희   그럼 무리지.
찬영   백숙 먹을까?
미조, 주희   그래.

단호히 돌아서는 세 여자.

/등산복 차림으로 백숙을 먹고 있는 세 여자. 아줌마가 막걸리를 내준다. 주희가 들고 흔들려고 하자 찬영이 바로 뺏는다.
찬영, 조심스럽게 따서 맑은 부분만 찰찰찰….
또 말없이 건배하고 원샷하고.

세 여자   크……!!!

미조(N)   마흔을 코앞에 둔 우리. 달라진 건 별로 없다. 화장품 단가가 좀 올라가야 화장이 먹어주는 거, 사우나를 좋아하게 된 거. 술값의 출처가 부모님 지갑이 아니라 우리의 통장이라는 거. 뭐 그 정도.

/주희 집 거실. 편한 복장의 미조, 찬영, 주희가 각자 놀고 있다.
주희는 예능을 보며 소파에 길게 누워 있고.

찬영은 핸드폰으로 지인들 인스타를 보고 있다.
미조는 유튜브로 골프 레슨을 보고 있다. 갑자기 찬영.

찬영   아 씨!!
미조   왜.
찬영   얼결에 하트 눌렀어.
주희   뭘.
찬영   동창 웨딩 촬영 사진. 이럼 축의금 내야 되는 거잖아.
주희   (영혼 없는) 왜 그랬어.
미조   인스타 끊어 좀.

다시 각자 하던 걸 하는 세 여자.

미조(N)   결혼식과 돌잔치는 환수 희박함에 패스.
          장례식은 찾아가려 애쓰게 되는, 서른아홉.
          우리는 그런 서른아홉이 되었다.

2.   장례식장 (낮)

근조 화환을 옮기는 업체 사람들, 상복을 입고 삼삼오오 이야기하는
사람들. 한적한 곳에 우두커니 서 있는 선우(39세) 검은 양복을 입고
있다.
얼굴이 침통하다. 눈물이 고인다.

미조(N)   다행히 우리는 각자의 인연을 만나 치열한 사랑을 배웠다.

국화꽃이 한 아름 꽂혀 있는 하얀 항아리. 이미 놓인 국화꽃 몇 송이.
그 꽃들을 보며 서 있는 진석(40대 초반).
이미 많은 눈물을 흘린 터라 두 눈이 빨갛다.
떨리는 손을 국화꽃으로 뻗어보다가 이내 움츠러드는 손가락.

미조(N) 그리고 우리는. (사이) 20여 년 동안 붙어 살던 우리는.
첫 번째 이별을 만났다. 우리 중에 누군가 30대의 끝자락에 장례식을
하게 될 줄은… 미처 몰랐다.

조문객들이 모여 있는 식당. 역시나 검은 양복을 입고 있는 현준이 홀
로 앉아 있다. 조용히 고개를 들어 창밖을 본다. 아련한 눈에 서서히 차
오르는 눈물.

미조(N) 많이 웃고. 또 많이 울었던.
치열한 우리의 그때 그 이야기다.

타이틀 [서른, 아홉]

3.   미조 집 (아침)

좋은 집. 세련된 인테리어.
방문이 열리고 머리가 부스스한 미조가 나온다. 파자마 바지와 흰 면티
정도.
TV를 켜면 바로 골프 채널.
주방으로 가 물을 올리고 커피 원두를 수동 그라인더에 간다.

잠이 덜 깨 하품을 하면서 원두를 간다.
커피를 내리면서도 골프 방송을 놓치지 않고 본다.
그대로 서서 커피 한 모금 마시며 정신을 차리는 미조.
방송의 선수가 퍼팅을 놓친다.

미조   열려 맞았잖아….

4.   주희 집 욕실 (아침)

피곤한 얼굴로 양치질. 얼굴을 본다. 푸석하다. 자세히 얼굴을 본다.

주희   코에 맞을까?

콧방울을 좀 잡아 올려본다.

5.   미조 자동차 안 (아침)

라흐마니노프 피아노협주곡 제2번을 들으며 출근하는 미조.
좋은 시계. 차려입으니 세련되고 시크하다.
전화가 온다. '주희'라고 뜬다. 받으면.

주희(F)   차미조 원장님 굿모닝.
미조   왜 이래.
주희(F)   잘 보여야지. 공짜 진료 받을 건데.

미조	공짜라고 언제 그랬어. 디씨해준다 그랬지.
주희(F)	100개월 할부로 하든가. 오늘 찬영이랑 같이 가면 되지?
미조	어젯밤에도 물어놓고 또 묻냐.

6.   버스 정류장 (아침)

버스 기다리는 주희.

주희	너 잘 까먹잖아.
미조(F)	더 잘 까먹는 애한테나 연락하지 그래.
주희	어, 버스 왔다. 끊어.

7.   찬영 집 방 (아침)

암막 커튼. 한밤이다. 핸드폰 울린다.
신경질적으로 핸드폰 잡아 던져버리는 찬영.
계속 울린다. '아씨 진짜…' 일어나서 기어가 핸드폰 들고 본다. 주희.

찬영	미친년 진짜…. (받는다) 뭐.

8.   버스 안 (아침)

빈자리 사수하며 앉는 주희.

주희	오늘 미조 병원 가는 거 알지? 늦지 마.
찬영(F)	새벽부터 이럴 일이야 그게?
주희	늦지 마.

9.　　　찬영 집 방 (아침)

짜증이 나서 죽겠는 찬영.

찬영	너 땜에 밸런스 깨졌어. 늦으면 니 탓이야!!

확 끊어버리는 찬영. 무음으로 해놓고 다시 잔다. 짜증 난다.

10.　　　백화점 앞 (아침)

아직 오픈 전인 백화점. 주희가 직원 출입문으로 출근 카드 찍으며 들어간다.
백화점 전경 보이면 남자 모델의 멋진 모습이 큰 화면에 보인다.

11.　　　연기 레슨실 (낮)

백화점 모델인 남자 배우가 하품하고 있다.
찬영이 그 앞에 앉아 빤히 본다.

찬영	세상이 좀 얄궂지 않니?
배우	왜요.
찬영	연기를 이렇게 못하는데 얼굴 하나로 주연 꿰차고.
배우	이런 사람이 있으니까 선생님도 먹고 살지.
찬영	또 발 연기 소리 나오면 인대 딴다.
배우	맨날 인대 딴대…. 그럼 샘이 나 데리고 살 거야?
찬영	너 관리비 많이 들어서 못 데리고 살아. 대본 펴 이 자식아!

드라마 대본을 집어 드는 배우. 연신 하품이다.
찬영의 대본은 메모가 가득하다.

12. 제이피부과 미조 진료실 (낮)

미현(여, 40대 중반)이 팔짱을 끼고 서서 미조를 본다.
미조, 배를 째라는 얼굴로 마주 본다.

미현	원장님. 우리 병원 원장이 바뀐다는 설이 있어요?
미조	아주 바뀌는 건 아니구요. 1년만.
미현	그 1년 동안 차미조 원장 본인은 뭐 하실 건데요?
미조	전 유학 가려구요.
미현	이제 와 새삼 유학이요?
미조	골프 유학이요. 1년 정도 안식년을 가져볼까 해서요.
미현	너님 맘대루요.
미조	5년 동안 빡세게 했잖아요. 좀 쉬면서 리프레시하고 다시 달리면 좋잖아요.

미현	아빠한테 이를 거야 너.
미조	아 언니!!
미현	이제 겨우 병원 대출 다 갚았는데 갑자기 쉰다니?
미조	내 말이 그 말이야. 은행 대출도 다 갚았는데 좀 쉬어도 된다고 봐.
미현	내 돈은 언제 갚을 건데!!! 잊고 있나 본데, 여기 여덟 평쯤은 내 돈이었어!
미조	병원 가져 그냥. 나 월급만 잘 주고.
미현	아 뒷목 땡겨….

미현 나가는데.

| 미조 | 오후에 두 사람 진료비 받지 마세요 실장님. |

매우 빡친 얼굴로 돌아본다.

미조	찬영이랑… 주희랑…. (점점 작아지는 목소리) 안식년 기념… 우정 행사.
미현	아우… 아우 혈압 올라… 아우 열 올라….
미조	갱년기라 그래.
미현	좀 맞자 너.
미조	아빠한테 나도 이를 거다. 언니가 드디어 손찌검한다구. 입양한 동생한테 이래도 되냐?
미현	하… 엄마 아빠는 왜 착한 애를 입양하시지 널 입양했을까.

미조, 피식 웃는다.

미현	내가 너 땜에 조기 노화 오는 거 알지.
미조	노처녀 노화를 왜 나한테 이러시는지.

미현   아이고 니가 할 말은 아니네요!

미현 나간다. 미조는 개구쟁이처럼 웃는다.

13.   모멘트 매장 (낮)

손님을 응대하는 주희. 40대 여자에게 미소로 다가간다. 유니폼을 입은
모습이 깔끔하다.

주희   찾으시는 제품 있으세요?
여자   세럼 좀 보려구요.
주희   세럼은 이쪽에서 안내해드릴게요.

손님을 안내하는 주희.

14.   제이피부과 로비 (낮)

주희와 찬영, 소파에서 기다린다.
찬영은 잡지 보며 다리를 떨고 있고, 주희는 두리번.

주희   떨린다.
찬영   뭐가.
주희   (소근) 나 처음이거든.
찬영   너 버진인 거 누가 몰라?

주희   조용히 좀 해… 쯧…. 필러 맞는 거 처음이라고.

         주희, 로비에 진열돼 있는 앰플들을 본다.

미현(E)   너네도 잘나가니?

         주희, 돌아보면 미현이 유니폼이 아닌 평상복을 입고 나온다.
         찬영도 반갑게 일어난다.
         미현, 환하게 웃으며 둘을 본다.

찬영   언니 오랜만!!
주희   병원도 잘나가죠? 우리도 뭐 꾸준히.
찬영   서로 영업 체크하는 거야, 오랜만에 만나서?
미현   인사야 인사.

         셋이 같이 웃고.

주희   언니는 더 어려지셨어요?
미현   그치? (방긋) 우리 미조도 주희처럼 말 좀 착하게 하면 얼마나 좋니?
찬영   (소근) 왜요, 요즘도 입양아 드립 쳐요?
미현   지 아쉬울 때만 그러잖아. 치사하지 않니?
찬영   그냥 파양하세요.
미현   서른아홉에 파양하긴 좀 늦었지. (웃는다)

         주희, 크크 웃느라 정신 못 차린다.

미현	나 일이 있어서 먼저 가. 예뻐져서 가라~!
찬영	또 봐요, 언니!
주희	안녕히 가세요~.

미현 나가고 주희와 찬영, 소파에 앉는다.

주희	미조네 가족은 다 좋은 거 같아.
찬영	그니까 미조가 잘 컸지.
주희	가끔 진심이 툭툭 나온다 너.
찬영	미조한테 말하지 마. 애 버릇 나빠져.

주희 또 혼자 엄청 웃겨 한다.

15.   제이피부과 치료실 (낮)

주희 필러 맞고 있다. 찬영 옆에 팔짱 끼고 서서 자세히 본다.

찬영	팍팍 넣어줘. 미모 터지게.
주희	아 따거···.
미조	다 됐어.

찬영의 차례다. 베드에 눕는다.
주희는 손거울 들고 필러 맞은 부분을 본다.

찬영	(대기하며) 야, 니 친구 중에 성형 쪽도 있지?

미조	너 견적 많이 나와. 성형은 꿈도 꾸지 마.
찬영	나는 퍼펙이지. 주희 앞트임 살짝 어때?
주희	나 눈 작아???
미조	충분해. 정찬영 헛소리는 흘려들어 그냥.
찬영	조언이잖아. 헛소리라니.
미조	자꾸 움직이면 책임 못 진다.

미조, 찬영에게 필러를 놓고 있다.
로비에서 소란한 소리가 들린다.

사모님 1(E)	원장 나와~!!!

놀라는 세 사람.

찬영	뭔 소리야. 너 뭐 사채 썼어?
주희	의료사고 쳤니?

16. 제이피부과 로비 (낮)

강남 사모님 세 명이 전투태세. 열을 단단히 받은 얼굴이다. 다 부술 에
너지다. 간호사들도 쫄아 있고. 미조는 '뭐야….' 찬영과 주희는 상황을
살핀다.

사모님 1	너야? 니가 원장이야?
미조	누구세요?

사모님1   누구? 니가 붙어먹은 정 사장 와이프다 이년아!!!

순간 간호사들도 놀라고 주희와 찬영도 놀란다.

찬영   이건 무슨 시추에이션이냐. 차미조.
미조   (어이가 없다) 정 사장이 누군데요.
사모님1   너 이렇게 오리발 내밀 줄 알았어.
사모님2   다 알아보고 왔으니까 싹싹 빌어 이년아!
미조   아니… 지금 남의 병원 와서 이게 무슨 행패세요?
사모님1   행패? 니가 저지른 건 행패 아니야! 자식이 둘이나 있는 유부남을 후려
        놓고 뭐! 이 병원 누구 돈으로 하는 건데!!
미조   돌았나 진짜….
사모님1   니가 말로 안 되지!!

사모님들 우악스럽게 미조의 머리를 잡아채며 전쟁 시작.
찬영과 주희는 일단 뜯어말리는데 다른 여자들에게 머리를 잡히고.
병원 기물들이 부서지고. 난장판이다. 슬로모션으로 각자가 잡히는데
미조는 엄청 얻어맞고, 찬영과 주희도 얻어맞고.
주희, 와중에 코피 터지는데 그야말로 아수라장이다.

17.   경찰서 안 (밤)

사모님 세 사람, 경찰 앞에서 조사받고 있다.
상황이 뒤바뀌었는지 얌전하다. 미조 눈치를 간간이 보며 진술 중.
그 옆으로 머리가 다 뜯겨서 나란히 앉아 있는 미조, 찬영, 주희.

주희	부었어. 필러 때문에 이런 거 아니야?
미조	(힐끗 보고) 거긴 맞아서 부은 거야.
찬영	저 여자들한테 소송해.
미조	오해했다잖아. 소송까지 뭐 하러.
주희	맞아. (미조 보며) 너도 오해하고 나 팰라 그랬잖아.
미조	뭔 소리야 또.
주희	어머. 잊었어? 너무하네 진짜.
찬영	(생각하다가) 아… 그래 맞다. 정보 미스는 너도 할 말 없지 차미조!
미조	(생각났다) 언제 적 얘길 하고 그래 쯧….

미조, 딱히 아니라고 말 못 하는, 쩝… 그 표정들에서.

18. 회상 — 2001년 1호선 지하철 안 (낮)

고등학생 미조가 교복 차림으로 졸고 있다. 문득 눈을 뜬다.
어디지? 가려는 역까지는 아직이다. 안심하고 후드집업 주머니에 손을
넣는다. 어?? 놀라는 미조. 주머니와 가방 여기저기 뒤진다. 이내 사색
이 되는 얼굴. 하…. 너무 속상하고 앞이 캄캄해서 눈물만 툭툭.
그 앞에 앉아 있는 쇼트커트의 찬영. 평상복 차림에 백팩 안고 앉아서
미조를 보고 있다.
무슨 상황인지 눈치챈 찬영. 미조 앞으로 와 선다.
미조, 찬영을 올려다본다. 길 잃은 고양이 같은 얼굴이다.

찬영	뭐 잃어버렸어요?
미조	지갑….

찬영   …. 그 새끼 이상하다 했더니.

19.   회상 — 어느 지하철 역 안 (낮)

       미조와 찬영 마주 서 있다. 찬영의 손에 만 원이 있다.

찬영   개털이라며.
미조   …. (받는다) 갚을게요. (하다가) 왜 반말해요?
찬영   이름표. 너 고 2잖아.

       미조의 교복에 이름표가 아직 달려 있다.
       하얀색 플라스틱 이름표. [차미조]

미조   ….
찬영   나 아는 애도 그 학교 다녀. 하얀색 2학년 맞잖아.
미조   선배세요?
찬영   고 2.
미조   …갚을게. 니 친구 누구냐. 걔한테 줄게.
찬영   재수 없어서 안 만나. 불우이웃 도왔다고 칠 거야. 잘 가라.

       찬영, 돌아서 간다. 갑자기 찬영의 어깨를 잡아채는 미조의 손.
       찬영, 넘어질 뻔하다. 미쳤나… 돌아서 본다.
       미조가 눈물이 가득 차서 분기탱천.

찬영   너 미친년이냐?

미조	누가 불우이웃이야.
찬영	아이 씨 진짜…. 야. 불우이웃인 셈 친다고 했지 너보고 불우이웃이래!!
미조	그러니까 왜 날 보고 그런 셈 치냐고~!!
	내가 불쌍해 보여? 불우해 보여!!
찬영	또라이 같은 년 진짜… 꺼져. 가 그냥.

찬영, 미친년… 돌아서 가는데. 너무 열받아 다시 돌아보면.
미조가 우두커니 서서 만 원을 구겨 잡고, 어깨가 들썩이도록 울고 있다.

찬영	뭐지 저거?

20. 회상 — 실로암분식집 안 (낮)

허름하고 조그만 분식집. 미조와 찬영 떡볶이 시켜두고 애매한 분위기.
미조는 자꾸 주인아줌마를 훔쳐본다.

찬영	확실해?
미조	….
찬영	(소근) 저 아줌마 맞아?
미조	조용히 해. 들려.

주인아줌마 돌아본다. 눈이 마주치자 식겁하는 미조.
문이 열리고 교복 입은 주희가 들어온다. 이름표 [장주희].

주희	엄마!!

엄마란 말에 미조가 확 본다. 찬영도 확 본다. 뭐지….

주희 모   왔어? 학원으로 바로 가지 왜 또 와.
주희   설거지해주고 갈려구.
주희 모   아빠 일찍 온다고 했어. 넌 어여 학원 가.

아빠… 엄마… 미조는 떡볶이를 마구 집어넣는다.
찬영, 에이… 물잔을 슥 내민다.

21.   회상 ― 골목 (낮)

주희가 겁먹은 얼굴로 가방을 메고 쫄아 있다.
미조는 빤히 주희를 본다. 찬영은 이게 뭐냐 싶다.

주희   왜… 왜 이러는데… 요.
미조   니네 엄마냐?
주희   응… 네.
미조   너 몇 학년이야.
주희   고 2요….
찬영   뭐야. 니들 그럼 뭐 쌍둥이야?
주희   네???
찬영   와 씨. 쌍둥이 낳아서 하나는 버리고 하나는 키운 서야?
미조   입 찢어버린다. 조용해.
찬영   아니, 너도 고 2, 얘도 고 2. 엄마는 하나. 내 말이 맞잖아!
주희   뭔데… 왜 이러는데… 요.

찬영	나이 같다니까 왜 존댜.
미조	실로암분식. 고척동 실로암분식. 여기 말고 없잖아.
주희	? 어… 우리 집밖에 없는데.
미조	(씨발…) 내 아빠는 죽었거든. 사망신고 돼 있거든.
	저 아줌마 니 친엄마 맞아? 새엄마 아니야?
주희	아닌데… (울먹) 나 태어났을 때 사진 다 있는데… 우리 아빠랑 엄마랑….
찬영	이거 뭐 아침드라마도 아니고.

미조도 뭐지 이게….

22.   회상 — 실로암분식집 안 (밤)

주희 모가 만두를 내준다. 김이 모락모락.
미조는 지친 얼굴이다. 찬영은 아 뜨거… 마구 먹는다.
주희는 미조의 손에 포크를 쥐여준다. 미조, 일단 들지만 먹진 못한다.

주희 모	어디서 온 거야? 멀리서 왔어?
미조	삼성동이요….
찬영	있는 집으로 입양 갔네!!
미조	저기. 되게 고마운데. 아무렇게나 말하지 말래?
찬영	너 나 아니었으면 진실 파악도 못 하고 찝찝하게 끝날 뻔했어.
	되게 되게 되게 되게 고마운 거다.
주희 모	고척동에서 실로암분식점 하는 사람이 엄마래? (웃는다)
	그럼 나 맞는데?
미조	…. 죄송합니다.

찬영	쟤가요. 고아원 놀러 갔다가 서류를 봤대요. 지 서류.
	거기에 고척동 실로암분식이라고 적혀 있어서 그렇게 생각했나 봐요.
주희	너 고아원 살아?
미조	놀러 갔다고. 설명했잖아 애가.
주희	아⋯ 너네 둘이 친구야?
미조	아니.
찬영	빚쟁이. 돈 갚아 너.
미조	아빠 오면 바로 줄게.
주희 모	속상하겠다. 얼마나 싱숭생숭 왔을 거야⋯ 근데 엄마도 아니고. 속상하겠어.
미조	⋯. 괜찮아요. 차라리 잘됐어요. 심각하게 궁금하진 않아요.
찬영	웃기네. 그래서 그렇게 울었냐?

분식집 앞에 좋은 차가 선다. 미조 보더니 가방을 안아 든다.
문이 열리고 점잖은 차 교수(미조 양부)와 미조 양모가 복잡한 얼굴로 들어온다.

미조 모	미조야.
미조	⋯엄마 미안.
미조 모	엄마한테 말하지. 같이 찾아보면 좋잖아⋯.

미조 모 얼른 미조를 꼭 안는다. 다독인다.

차 교수	감사합니다. 제 딸아이 길에서 기다릴 뻔했어요. 감사합니다 정말.

좋아 보이는 양부모를 보니 참 뭔가⋯ 이상한 찬영. 그리고 주희.

23.   현재 — 경찰서 안 (밤)

피곤에 쩔어 앉아 있는 미조, 찬영, 주희.

미현(E)   (쩌렁쩌렁) 누가 내 동생 쥐어팼니!!!

미조, 아 이 익숙한 소리. 고개를 숙인다.
찬영, 눈 휘둥그레졌다. 주희는 딴청이다.

찬영   미현이 언니 어떻게 왔지?
주희   아니… 내가 좀 걱정이 돼가지구… 언니한테….
찬영   언니 복장 왜 저래.

미조 보면, 미현이 야시시한 밤무대 가수 드레스 같은 걸 입고 운동화
신고 눈을 부라리며 다가오는 게 보인다. 미조, 뭐지??
미조 앞으로 온 미현은 다짜고짜 미조 턱을 잡고.

미현   왼쪽, 반대. 턱. (상태를 확인한 후) 얼굴은 안 다쳤고. 어디 맞았어! 어
        떤 미친 인간이야~!!!
미조   언니. 옷이 왜….
미현   (가해자를 찾는 살벌한 눈) 좋은 말 할 때 나오지!!

사모님 1이 살살 다가와 사과를 한다.

사모님 1   미안하게 됐어요. 피부과 이름이 같아가지구….
미현   (살벌하게 위아래로 훑어보며) 아줌마시구나, 내 동생 후려 팬 게.

사모님1   언니시구나… 아니 정보 미스가 살짝 있어가지구요…. 미안해서 클났네.
미현   어, 말씀 잘하셨어! 클났어 아줌마!!

미현이 사고 칠 듯 달려들자 찬영이 나서서 미현을 가로막고 수습하려
한다. 미조는 늘 있는 일이라, 그렇지 뭐… 손톱만 뜯고 있다.

찬영   아니. 이렇게 선전포고 없이 전쟁하실 거면 정보는 잘 챙기셨어야죠!
사모님1   그니까요… 너무 열이 받아가지구 정신을 났나 봐요. 미안해요들….

미조, 에이… 뭐라고 더 하지 않고 만다.

사모님2   (슬쩍 합류) 이것도 인연인데 우리가 손님 팍팍 데리고 올게요. 계원들,
        블로그 친구들 한창 보톡스 맞을 때거든.
주희   감사합니다.
찬영   감사… 돌았냐 너?
사모님1   수리비랑 다 깔끔하게 정리할게요. 너무 미안하다 진짜….
미조   (심드렁 나선다) 당연한 거죠. 남편이 바람이 났다는데 눈에 아무것도
        안 보이죠.
사모님1   맘도 넓으시고….
미조   간통죄 다시 만들어져야 한다고 봅니다. 범죄거든요!

그러면서 찬영을 본다. 찬영, 미친…. 자세를 바꿔 앉는다.
미현, 미처 이들의 표정을 보지 못했다.

사모님1   아유 정말 더 미안해지네….
미조   그년. 꼭 잡으세요.

| 찬영 | 야! 이렇게 처맞아놓고 뭔 응원이야~! |
| 미현 | 나머진 저랑 얘기해요! 오세요!! |

사모님들 데리고 담당 형사 앞으로 가는 미현. 씩씩하다.

미조	남 일 아니다 너.
주희	나도 그 생각 살짝 했었는데. 막 맞는데… 니가 생각이 좀 나더라구.
찬영	누가 들으면 진짜 내가 뭐 불륜녀 같잖아. 둘 다 맛탱이 갔니?

경찰서로 멋짐이 가득한 슈트 차림의 진석이 걱정스런 얼굴로 들어온다.

미조	(웃으며 진석에게 손 살짝 들며 중얼) 왔다. 니 불륜남.
찬영	입 닫어. 너.
주희	오빠 오셨어요?

진석이 세 여자 앞에 서서, 하…. 답답한 얼굴.

찬영	차 가지고 왔지.
진석	아휴 낼모레 마흔인 놈들이… 누가 그랬을까? 마흔이 불혹이라고.
주희	맹잔가?
미조	공자야.
찬영	가지가지 한다.
진석	일어나. 뭐 타고 왔어, 여기.
주희	경찰차요.
진석	자랑이다.
미조	그럼 우리 찬영이 불륜남 차 타고 귀가해볼까?

진석, 식겁하고 주위를 본다. 미조를 확 째린다.

찬영	오빠, 쟤 한 대 쳐 그냥. 깻값 물자.
미조	다른 단어가 생각이 안 나서 그래. 나 이과잖아.
진석	일어나 얼른!

진석, 시선 돌리다가 합의 중인 이상한 복장의 미현과 눈이 마주친다. 미현, 쿨하게 손을 흔들어 인사.

진석	(진심 깜놀) 아 씨 뭐야. (미조에게) 미현 누나 왜 저래.
미조	여러 가지로 놀라운 밤이야. 가자 얼른~!
찬영	넌 언니 차 타구 가. 동승자로 별로야 너.
미조	바른말 해주는 게 진정한 친구다…. 잘 가. 내일 늦지 말자.
찬영	나 안 가!
주희	황금 같은 휴일에 우리까지 가야 되냐?
미조	어.

투덜거리며 나가는 무리들. 미조, 자리에 다시 앉아 정리 중인 미현을 본다. 미조도 갸웃… 언니 뭐지??

24.　　연기 레슨실 (밤)

찬영의 입술에 약을 발라주는 진석. 찬영은 뚱하다.

진석	좀 가라앉았다. 딴 데는. 아픈 데 없어?

찬영	응.
진석	갑자기 이게 뭐야.
찬영	차미조 불러다 머리 뽑자 오빠. 우리보고 자꾸 불륜이라잖아.
진석	니가 자꾸 발끈하니까 재밌어서 더 그렇잖아….
	…미조가 별말 안 해?
찬영	아니. 왜?
진석	(얼버무리고) 내가 너 괴롭히면 혼내준다고 했거든.

찬영, 진석의 얼굴을 가만히 본다.

진석	왜.
찬영	오빠.
진석	응.
찬영	…. 이혼하면 안 돼?

진석, 또 그 소리…. 시선을 피한다.

진석	집으로 갈 거야? 태워줄게.
찬영	…. 일 남았어. 가, 오빠.
진석	이래서 무슨 일을 해. 집으로 가자.
찬영	오빠 유학 갔을 때. 나도 같이 갔으면 말이야. 우리… 부부로 살고 있을까?
진석	…. 주말에 영화 볼래?
찬영	…. (정말 속이 상한다) 이러니까 우리가 불륜이란 소릴 듣잖아.
	오빠 눈은 나 좋아 죽겠으면서 밥이나 먹자, 영화나 보자.

진석, 세상 죄인처럼 고개를 숙이고 앉아 있다.

그 모습을 보는 찬영은 또 속이 상한다.

찬영   또 울상이다. 알았어, 궁시렁 안 할게. 주말에 영화 보고 밥 먹어.
             오케이?

진석   (미안하고 고맙고) 신난다.

서로 애처롭게 바라보며 웃음으로 마무리하는 두 사람.

25.   미현 자동차 안 (밤)

운전 중인 미현. 미조는 헐… 이런 눈으로 미현을 보고 있다.

미조   사교댄스 그런 거야?

미현   이렇게 뭘 몰라. 스포츠 댄스. 어? 스포츠!

미조   무슨 스포츠 복장이 이래.

미현   피겨스케이팅은 왜 그래 그럼. 똑같지.

미조   아빠랑 엄마 알아?

미현   말하면 너 배신자다.

미조   취미 생활이 떳떳하지 못하면 구린 구석이 있는 거잖아.

미현   이 복장 아빠 보면 어떻게 되겠어.

미조   언니 머리 깎이지. 마흔 중반에.

미현   그니까 조용해. (하다가) 아 이 드레스 오늘 개신데, 플로어 서지도 못
             하고 경찰서 개시했어, 쯧.

미조, 대박이다… 고개를 설레설레.

26.   주희 집 주방 (아침)

주희 얼굴을 자세히 보는 주희 모.

주희   괜찮아?
주희 모   어디가 달라진지 모르겠는데… 희한하게 이뻐진 거 같기도 하고?
주희   엄마도 미조 병원 가자.
주희 모   그럴 돈 있으면 너나 더 다녀. 맨날 공짜로 해주는 거 아닐 거 아냐.
주희   깎아주겠지. 다 받겠어?
주희 모   열심히 관리받고 올핸 좀 가라. 어? 얼굴도 훤하지, 착하지.
          도대체 시집은 왜 못 가?
주희   아침이나 먹고 욕먹자. 울렁거린다.
주희 모   (울렁거린다는 말에) 한약 좀 할까? 자주 울렁거려?
주희   내가 암 말도 못 해. 암 말도.

일어나 욕실로 가는 주희.

주희 모   선 자리 나왔어. 주말에 시간 빼.
주희   사진 있어?
주희 모   그냥 나가. 눈 코 입 있음 됐지.
주희   (궁시렁) 눈 코 입은 강아지도 있지 뭐.

주희 뒤통수에 날아든 갑 티슈. 픽!!

27.   미조 자동차 안 (아침)

뒷자리에 앉아 거의 졸고 있는 찬영.
조수석의 주희는 핸드폰만 파고 있다.
미조, 운전하며 힐끗 주희의 핸드폰을 본다.

미조   뭐야 그거?
주희   소개팅 어플.
미조   성공한 적 있어?
주희   지난주에 점심 먹은 남잔 있어.
미조   괜찮았어?
주희   그냥 뭐….

자는 줄 알았던 찬영이 나선다.

찬영   소개팅을 낮에 하는 게 에러야. 밤에 만나서 가볍게 뭐 좀 먹고.
         거하게 한잔하고. 바로 자야지.
주희   입만 살아가지구 증말.
찬영   열아홉 사춘기도 아니고, 이제 좀 솔직하자. 안 그래 미조야?
주희   찬영이 좀 뭐라 해. 애가 왜 저러니?
미조   쟤가 말이 거칠어서 그렇지 일리는 있어서.
주희   하… 내가 니들이랑 무슨 말을 하니.

주희, 짜증 나서 이어폰을 낀다.
미조와 찬영은 주희를 보며 큭큭 웃는다.
아이들의 웃음소리 선행되며.

28.   온누리보육원 마당 (낮)

미조가 예닐곱 살 아이들과 비눗방울 놀이를 하며 즐겁다.
아이들이 비눗방울 잡으려 뛰어다니는 모습이 귀엽다. 미조 또한 천진
해 보인다.
마당 한쪽에서 바비큐 준비를 하는 찬영과 주희.

주희   미조는 저렇게 좋아한다.
찬영   미조한테는 고향 같은 거지 뭐.
원장(E) 불 잘 피울 수 있겠어요?

보면, 60대 후반의 여자 원장이 고기를 들고 다가온다.
주희, 얼른 받아 든다.

찬영   제가 불 피우는 건 일가견이 있거든요.
주희   뭐, 라이터?
찬영   확 씨….

원장, 아이고… 웃는다.

29.   1차선 마을 도로 (낮)

낡은 소형차. 그 안에 남자, 선우(39세).
너드 느낌의 훈남이다. 뭔가 매우 갈등하는 얼굴로 서행 중이다.
후… 마음을 가다듬는다. 시속을 보면 10킬로미터 이하다.

앞을 보면, 동네 할머니가 유모차를 지지대 삼아 천천히 걸어가며 길을
막고 있다.
그 뒤를 따라 이동 중인 선우. 시계를 본다. 늦었다.
클랙슨을 누르려다가 아니지… 참는다.
다시 끙끙 앓다가 창문을 내린다.

선우   할머니! 잠깐만 저기….

할머니 안 들리는지, 듣고도 마는지 돌아보지 않는다.
선우, 아… 체념하며 핸들에 두 손을, 두 손 위에 턱을 올린다.

선우   할머니 파이팅….

체념하고 천천히 운전하는 선우.

30.   온누리보육원 마당 (낮)

초등학생 아이들까지 10여 명의 아이들과 미조, 찬영, 주희, 고기를 먹
고 있다.
미조는 어린아이들에게 고기를 잘라주느라 바쁘다.
아이들 중 여덟 살 남자아이 훈이 미조를 졸졸 따라다닌다.

미조   넌 안 먹어?
훈   다 먹었어요.
미조   더 먹지.

이때, 선우의 자동차가 들어온다. 주차하고 내리는 선우.
찬영, 그런 선우를 본다.

찬영   빛나는 낯선 그림인데? 누구지?

찬영, 주희를 돌아본다. 주희는 이미 팩트를 꺼내 화장을 고치고 있다.
원장이 과일을 내오다가 선우를 본다. 선우 꾸벅 인사하며 다가온다.

원장   아차차… 오늘 영어 수업 있는 걸 깜박했네.
주희   영어 선생님이시구나….

미조, 이들의 시선을 따라 시선 옮기면 저만치 선우가 걸어오고 있다.
부드러운 미소의 선우. 미조, 잠시 시선을 둔다.
꼬마들 몇몇이 '선생님~' 하며 선우에게 엉겨 붙는다.
선우, 아이들을 애틋하게 안아주고 머리를 쓰다듬며 다가와 선다.

원장   깜빡했어. 오늘부터지? 잠깐 수업할까?

아이들이 헐… 원장을 본다.

선우   그럴 분위기 아닌 거 같은데요. (웃는다)
원장   그렇긴 하지?

선우, 미조와 찬영, 주희를 본다. 멋쩍다.

원장   서로 인사해. 온누리를 아끼는 사람들 다 모였네.

선우   안녕하세요.

주희   (수줍) 안녕하세요.

미조는 목례를 하고, 찬영은 씩 웃는다.

원장   식사 안 했지? 고기 좀 먹어. 이런 날 잘 없으니까 많이 먹어.

선우, 웃는다. 고기를 굽고 있는 미조 곁으로 간다.

선우   제가 구울게요. 잘 구워요, 저.

미조   저도 잘해요. 오늘은 게스트 하세요.

찬영, 아 나… 철벽 쌓는 미조가 못마땅하다.

선우, 살짝 민망해하며 아이들 곁으로 간다.

찬영   (어금니 꽉 물고 미조에게) 같이 좀 굽지. 철벽을 쌓고 지랄이세요….

미조   접시나 가져와.

찬영, 으유… 아이들 테이블로 간다.

주희는 이미 선우에게 젓가락을 챙겨주고 있다.

선우, 고맙다고 목례하며 젓가락 받는다.

고기를 집어 초등학생 아이들에게 나눠주는 선우.

미조, 그 모습 짐긴 본다.

그러다 눈이 마주치는 선우와 미조.

미조, 예의상 살짝 미소. 선우도 어색하게 웃는 듯 마는 듯.

31.   온누리보육원 주방 (낮)

미조, 찬영, 주희가 설거지와 정리를 하고 있다.
창문으로 마당이 보인다. 선우가 아이들과 축구를 하고 있다. 신나 보인다.

주희   결혼한 느낌은 아니지?
찬영   여친은 있지 않을까 저 비주얼에? (갸웃) 입양하러 왔나?
주희   영어 선생님이라잖아 똥멍청아….
찬영   오우, 잉글리시 티처.
미조   뜨거운 물이나 좀 가져옵시다. 기름이 지질 않아.
찬영   (물 끓이러 이동하며) 아 유 싱글? 아닌가? 두 유 해브 와이프?
미조   (하…) 심각하게 후지다 정찬영.
주희   서울 가서 노맥 한잔하는 거지?
미조   오랜만이다 노가리집. 그치?

미조와 주희 신나게 설거지를 한다. 초콜릿을 쑥 내미는 작은 손.
보면, 훈이다. 미조, 씩 웃는다.

32.   온누리보육원 마당 (낮)

미조와 훈, 초콜릿을 먹으며 이야기 중이다.

훈   지현이 입양 갔어요.
미조   들었어. 야, 너 속상하겠네? 니네 둘이 썸 탔잖아.
훈   …. 인스타 만들었어요. 지현이랑 나랑만 보는 계정.

미조	1년 안에 깨진다.
훈	이모는 맨날 그래.
미조	(웃는다) 너도 입양 가고 싶어?
훈	…. 별로.
미조	나쁘지 않아. 이모 봐. 내가 딱 니 나이 때 입양 갔거든.
	모르는 사람이랑 엄마 아빠 하는 거 생각보다 괜찮아.
훈	…. 이모는 내가 입양 갔으면 좋겠어요?
미조	….
훈	여기 있으면 이모 자주 오잖아. 생각보다 괜찮아요.

미조, 어떡하지…. 말을 해야 하는데….

미조	훈아.
훈	(본다)
미조	이모 있잖아. 한… 1년 정도 못 와.

훈, 어린 두 눈이 흔들린다. 그러나 섣부르게 뭐라 묻지 않는다.

미조	어디 좀 갔다 와야 돼.
훈	(초콜릿 먹는다) 오는 거죠?
미조	응?
훈	갔다가. (미조 보며) 오는 거 맞죠?
미조	그럼. 당연히 오지.
훈	이모도 SNS 만들어요.
미조	나 그런 거 안 하는데.
훈	만들면 되죠 이제.

미조   그르까? (흐흐) 가기 전에 또 올게.

미조와 훈, 좀 아쉬워하며 초콜릿을 먹는다.
저 앞에 선우가 마당을 청소하고 있다.

훈   영어 선생님 여친 없어요.
미조   (풉…) 좋은 정보 고맙다.

서로 보고 웃는 미조와 훈.

33.   온누리보육원 마당 (낮)

아이들과 인사하고 원장과 인사하는 미조, 찬영, 주희.
선우는 보이지 않는다.

미조   (원장에게) 출국하기 전에 한 번 더 올게요.
원장   바쁘면 전화나 한 통 하고 말아. 멀어.
미조   네. 얘들아 안녕~!

찬영과 주희도 원장과 아이들에게 인사하며 자동차에 탄다.
주희는 계속 두리번.

찬영   모가지 빠지겠네.

주희를 구기다시피 자동차에 넣는 찬영.

34.   온누리보육원 아이들 방 (낮)

선우가 블라인드를 달고 있다. 드릴 다루는 솜씨가 제법이다.
원장이 들어온다.

원장   남자애들 방에 형광등 하나가 안 들어와. 전구를 갈았는데도 안 들어온다?
선우   제가 볼게요.
원장   뭐든 척척이네.

선우, 블라인드 올려보고 내려보고… 튼튼하다.

원장   (망설이다가) 의원님은… 아직도 연락 안 하셔?
선우   (웃는다) 아직도 의원님이라고 부르세요?
        (담담) 화 좀 풀리시면 연락하시지 않을까요?
원장   소원이는 잘 지내니?
선우   잘 지낸다는데… 확인을 안 시켜줘요. 궁금하게.
원장   여동생들이 오빠 구찮지 뭐.

선우, 연장을 챙기고 있다.
훈이 들어온다. 손에는 고급 손목시계.

훈   원장님 이거요.
원장   무슨 시계야?
훈   싱크대에 있었어요.
원장   두고 간 거 같은데?

원장, 미조에게 전화를 건다.

원장	시계 두고 갔어. 누구 꺼지? (듣고는) 니 꺼 같드라. 아직도 빼먹고 다녀. 어. 응. 퀵? 여기서 서울이 얼만데. 택배로? (하다가 선우 보며) 서울로 갈 거지?
선우	네.
원장	택배 기사 한번 해. (미조에게) 기다려. 택배 보내줄게.

선우, 연장통 들고 나선다.

35.   공사 중 가게 앞 (밤)

세 여자 망연자실. 리모델링 중인 가게.

미조	다른 거 들어오나 봐.
주희	사장님 배신자. 우리가 뜯은 노가리가 몇 년인데.
찬영	너 몰랐어? 동네 주민이?
주희	우리가 요즘 음주 활동이 뜸했던 거지.

36.   바 안 (밤)

세 여자, 위스키를 마시고 있다. 찬영은 좀 우울한 얼굴.

| 미조 | 나 할 말 있어. |

미조, 위스키 원샷하고.

미조   나 1년 동안 팜스프링스에 가.

놀라는 찬영과 주희.

주희   거기가 어디야?
미조   미국.
찬영   왜.
미조   안식년. 한 1년 좀 쉬려고.
주희   진짜? …. 그럼 우리… 1년 동안 너 못 봐?
미조   드디어 좀 떨어져 있겠다. 설레지?
주희   …. (서운하다)
찬영   가든가. 1년은 니 잔소리 안 듣고 살겠다.
미조   가서도 매일 페이스톡 할 거야. 잘 받아.
찬영   니 잔소리도 안식년 좀 가져.
미조   잔소리 듣기 싫으면 진석이 오빠랑 정리 좀 해! 몇 년이야 도대체.
찬영   니가 왜 간섭이지?
미조   내가 젤 후회하는 게 어떤 건지 알아? 너 진석이 오빠 눈에 들인 거.
         그날이 젤 그지 같아.
주희   왜 또 그래 니들….

37.   회상 — 돼지갈빗집 (밤)

20대 중반의 미조, 찬영, 주희가 갈비에 소주를 마시고 있다.

미조 통화 중.

미조   아니 그 옆에. 편의점 끼고 들어오라니까? 어. 어~!

찬영   누구 와?

미조   아, 아는 오빠 잠깐 들를 거야. 받을 게 있어서.

주희   오빠? 싱글이야?

미조   클럽 죽돌이니까 관심 꺼. 가끔 모이는 동문회 있잖아. 거기 오빠야.

주희   청담동 재수탱이들?

미조   그치.

찬영   그럼 너도 재수탱이지 뭘. 혼자 까마귀 속에 백조처럼 그래?

미조   그래서 이제 거기 안 나가. 엄마한테 이제 안 간다고 쇼부 봤어.

문이 열리고 30대 초반의 진석이 들어온다. 부티가 좀 나는 옷차림이다.
미조가 손을 번쩍 든다. 진석 귀찮은 얼굴로 다가온다.
찬영, 다가오는 진석을 본다. 뭔가 꽂히는 얼굴이다.

진석   (CD를 내주며) 하나 새로 사지. 기어코 받겠다고 부르냐?

라흐마니노프 피아노협주곡 제2번 음반이다.

미조   내 애정이 묻은 거야. 흠집 낸 거 아니지?

진석   안 들었어. 꺼내지도 않았어.

하다가 주희와 찬영을 보는 진석. 찬영에게 눈길이 머문다.
보이시하면서도 예쁜 찬영에게 눈이 머문 진석.

미조   바로 가야 된다며.

진석   (찬영을 보며) 여기 돼지갈비 맛있지?

자석처럼 의자에 앉는 진석. 찬영을 보며 웃는다. 찬영, 갸웃… 웃는다.

38.   현재 — 바 안 (밤)

찬영, 심드렁한 얼굴로 술을 마신다.

찬영   만날 인연이면 니가 안 나서도 만나.

미조   인연 같은 소리 하고 있네. 다른 여자랑 잘 먹고 잘 사는데 아직도 인연
        타령이야?

찬영   너 미국 언제 가. 내일 가 그냥!

미조   내가 마음이 엄청 홀가분한데, 너랑 진석이 때문에 찜찜해.
        계속 이러고 살 거야 너? 불륜이야 그거. 사랑 아니라고!

찬영   니 사랑 아니니까 신경 끄고 팜스프링슨지 어딘지 가 그냥.

주희는 중간에서 안절부절. 미조에게 그만하라고 눈짓을 준다.

미조   너 그렇게 오십 되고 육십 돼서 할머니 돼도 김진석이 만나줄 거 같아!
        한 살이라도 어릴 때 니 인생 좀 살라는 거잖아.

찬영   씨발 니 인생이냐고!

찬영이 열받아 확 나간다.

주희	화났다. 진짜 화난 거야. 쟤.

미조, 찬영을 찾아 나간다.

39.   바 앞 (밤)

찬영이 담배를 꺼낸다. 미조가 나온다.

미조	화났냐?
찬영	그럼 웃냐 이년아.
미조	…. 미안해.
찬영	….
미조	니가. 아까워서 그러잖아.
찬영	뭐가 아까워. 한 번이라도 빛난 적이 없는데.
미조	너 배우 한다고 오디션 보러 다닐 때 빛났어.
찬영	…. 그럼 뭐 하니.
미조	난 있잖아. 니가 배우 못하고 연기 선생하고 있는 거.
	열받아 김진석한테. 그 인간 아니었으면 잘나갈 수 있었어, 너.
찬영	핑계야.

잠시 담담….

찬영	……. 미조야.
미조	….
찬영	내가 먼저야. (미조를 본다) 그 여자보다. 내가 먼저였어.

그러니까… 나 불륜 아니야.

미조   그게 말이… 야 정찬영.

찬영   안 잤어. 오빠 결혼하고… 한 번도 안 잤다고. 불륜 소리 그만해.
          아 쪽팔려 진짜… 내가 이런 얘기까지 해야 해!!

미조, 더 화가 나는 거 같다.

미조   미치겠네…. 아니… 그러면서 왜 아직 맘을 못 정리해~!
          김진석이 뭐라고 30대를 이렇게 말아먹고 있냐구!!

찬영   나도 열받아 내가. 왜 이 모양인지. 나도 졸라 짜증 나.
          그니까… 너라도 그만해.

미조   김진석 죽일 거야. 개새끼.

찬영   걔는 무슨 죄니. 임신했다고 온 여자를 버려 그럼?

미조   그니까 왜 헤어졌어!! 그냥 유학 따라가지!

찬영   자꾸 팰래? 어? 후벼 파면 답이 나와!

미조   몰라 이년아. 아휴…….

찬영, 담배를 그냥 넣는다.

찬영   니 맘 알아. 좀 기다려줘.
          끊을 거야. 담배도… 진석이 오빠도. (미조 보며 웃는)
          그니까. 미국 가면. 영상통화 걸지 마. 이년아.

미조   니 집에 카메라 설치하고 갈 거야.

찬영   아 졸라 집착해 너~! 내가 그렇게 좋아?

미조   같이 갈래? 진석이 끊고 나랑 가서 골프 치자. 응?

찬영   넌 골프를 끊어. 징글징글하다.

찬영, 바 안으로 들어간다.

미조, 찬영에게 매달리며 같이 가자고 농담을 한다.

미조의 핸드폰이 울린다. 낯선 번호다.

40.   꽃집 앞 (밤)

미조가 서서 기다린다. 취기가 오른다. 찬영에게 전화가 온다.

미조   왜 또…. 야 그럼 어떡하냐 거기서 여기까지 내 시계 들고 오는데.
           우리 집으로 가 있을래? 와인 사다 놨거덩.

찬영(F)   혀 꼬이는 거 봐라. 시계 받고 가서 처주무세요 원장님.

미조   야, 한잔 더 하자….

찬영(F)   주희도 맛탱이 갔어. 나도 졸려. 잘 들어가!

미조   오냐~!

미조, 유리창 안으로 보이는 꽃을 본다. 좋다. 안으로 들어간다.

41.   선우 자동차 안 (밤)

두리번거리며 미조를 찾는다.

꽃집 앞에 아직 피지 않은 작약 세 송이를 들고 있는 미조를 발견한다.

쿵쿵거리며 계속 향을 맡는 미조가 인상 깊은 선우.

미조 앞으로 가 차를 세운다.

42.   꽃집 앞 (밤)

비상등을 켜고 서 있는 선우 자동차. 그 곁에 미조와 선우.

미조   진짜 고마워요. 애를 택배로 만나는 줄 알았는데… 인편에 이렇게….

미조가 옆구리에 꽃을 끼고 손목에 시계를 차고 있다. 잘 안 된다.
선우, 꽃을 받아준다. 미조, 어? 보더니 시계를 마저 찬다.
선우, 작약을 다시 내주면, 미조가 가만히 작약을 본다.

미조   그쪽 선물이에요.
선우   저요?
미조   네. 시계 가져다줘서 고마워서.
선우   그냥 오는 길에 전해드리는 건데….
미조   꽃 별루예요?
선우   아니요. 졸업식 이후로 처음 받아봐서. 고맙습니다.

미조, 갈 기색을 보이지 않고 작약을 아쉬워하며 본다.
선우, 왜 이러지… 하다가.

선우   밥. 먹을래요?
미조   밥이요. 이 시간에.

43.   설렁탕집 (밤)

선우는 식사를 하고. 미조는 설렁탕을 앞에 두고 소주만 마신다.

미조   (한 잔 비우고 다시 채우며) 왜 내 탓이지. 그쪽이 고기 못 먹은 게….
선우   고기 굽는 거 좋아하는데 그쪽이 못하게 해서 삐졌거든요.
미조   아. 그거… 넘 싸했죠? (웃는다)
선우   (좀 웃는다) 안 먹어요?
미조   이 시간에 탄수화물 먹으면 직빵이거든요.

미조, 소주 한 모금. 크….

선우   소주도 칼로리 있을 텐데.
미조   (빤히 본다) 선택한 거죠. 둘 다는 유죄니까 소주만.

선우, 재밌는 사람이다 싶다. 설렁탕을 먹는다.

미조   영어 수업을 되게 멀리까지 가네요. 재능 기부?
선우   그렇게 거창한 건 아니고. 온누리에 인연이 좀 있어서요.
미조   아…. 나도 인연 있는데. 난 거기서 살았어요.

미조의 귀여우면서도 조금 쿨한 모습.
선우는 그런 미조를 남다르게 바라본다.

미조   (작약 가리키며) 이거. 이름 알아요?
선우   아니요.

미조	작약. 이거 내일 되면 활짝 필 거예요. 그럼 향이 죽여요.
선우	그쪽 향수 향기도 죽여요.
미조	(자기 옷을 킁킁) 소주 냄새 나는데?

선우, 맙소사… 이 여자가 너무 인상적이라 자꾸 웃게 된다.

44.   설렁탕집 앞 (밤)

미조와 선우 식당에서 나온다.

선우	태워줄게요.
미조	택시 많은데 뭐. 잘 가요.

미조, 택시를 잡으려 나선다. 그러나 택시 잡지 않고 망설인다.
갑자기 선우 앞으로 다가와 서는 미조. 선우 긴장한다.

미조	근데….
선우	?
미조	저기….
선우	?
미조	이거 한 송이는 나 주면 안 돼요?
선우	(웃긴다)
미조	줬다 뺏는 건 아니고… 작약, 오랜만이라….
	두 송이는 그쪽 갖고, 나 한 송이만 줘요.
선우	그래요. (한 송이 빼서 주며) 나 주려고 산 건 맞죠?

미조	아니요. 나 거짓말이 꼭 들켜서. (히죽… 귀엽다)
선우	한 송이 더 줄까요?
미조	(고개를 젓는다) 그럼 내가 너무 양아치잖아. 흐흐….
	오늘 고마워요!

꾸벅 인사하고 택시를 잡는 미조.
선우가 같이 기다려준다. 작약을 나눠 든 미조와 선우.

45.　공사 중 가게 앞 (밤)

가게 안에 불이 켜져 있고. 잘생기고 어린 남자(현준)가 혼자 뭔가 하고
있다.
주희, 유리 밖에 서서 갸웃 본다.

| 주희 | 옷 가게 하나? |

취해서 눈 가물가물… 현준과 눈이 마주친다. 현준, 웃는다.
주희 깜짝 놀란다. 홱 돌아서 빠르게 걸어간다.

| 주희 | 왜 웃어? 웃겨 진짜. |

46.　선우 집 거실 (밤)

와인병에 작약 두 송이를 꽂아두는 선우.

소파로 가 편하게 앉는다. 다시 생각이 나는지, 작약을 본다.
자꾸 웃게 된다.
핸드폰을 열어 번호를 저장한다. [작약]

47.   미조 집 거실 (아침)

미조, 머리가 아프다. 눈을 반쯤 뜨고 냉장고 열어 생수 드링킹.
시선이 간다. 식탁에 놓인 시들기 직전의 작약. 뭐지….

미조   어제 분명히 세 송이를 선물로….

FB (1화 S#44)/
미조 *이거 한 송이는 나 주면 안 돼요?*

아 나… 문자 들어온다. 작약 사진.

선우(E)   작약 향이 아주 좋습니다. 고마워요.

미조, 어쩌지… 문자를 적는다.

미조(E)   실례가 많았습니다… 죄송하고 감사합니다.
선우(E)   그런 실례는 얼마든지요. 좋은 하루 되세요.

이런 젠장… 마시던 생수 통에 작약을 꽂는다.
미조, 번호를 저장한다. [시계]

48.   챔프엔터 대표실 (낮)

진석, 업무를 보고 있다. 명패에 대표 김진석.
노크 소리 들리고 찬영이 웃으며 들어온다.

진석   (반가운) 어 왔어?
찬영   근처 약속 있어서.
진석   뭐 마실래?
찬영   마셨어.

찬영, 뭔가 말하려고 하는데. 노크 소리.
보면, 여직원.

여직원   대표님, 사모님 오셨어요.

순간 당황스런 얼굴이 된 진석. 찬영, 차분하게 돌아본다.
우아하고 귀여운 타입의 진석 아내 선주가 명품 쇼핑백 하나 들고 들어
온다.

진석   전화도 없이….
선주   당신 사무실 있을 거 같더라. (찬영 보고) 안녕하세요.
찬영   네, 안녕하세요.
선주   미팅 중이신가 봐요.
찬영   (서둘러) 별일 아니에요. 저도 근처 왔다가… 오빠 나 갈게.
진석   …그래 그럼.

선주에게 눈으로 인사하고 나가는 찬영.

진석, 선주와 둘이 남는다. 진석은 찬영이 맘 쓰인다.

선주 뭔가 기분 안 좋다.

진석   차는?

선주   택시 타고 나왔어. 당신이랑 같이 갈까 해서.

진석   그래. (하다가) 다음엔 연락하고 오는 게 어때?

        선주, 날이 서는 눈빛. 그러나 이내 웃으며.

선주   가자 여보.

        진석, 책상 위를 정리한다. 마음은 산란하다.

49. 챔프엔터 앞 (낮)

비가 세차게 내린다. 찬영, 우산이 없다.

맞은편 편의점으로 달려간다.

50. 편의점 안 (낮)

비가 내리는 것을 보며 핫바를 먹는 찬영. 새로 산 비닐우산이 곁에.

챔프엔터 사무실 건물에서 진석의 자동차가 나온다.

선주가 진석에게 무한 애정. 운전하는 진석 팔짱을 끼고 뭔가 조르는 듯.

진석은 좀 담담해하며 선주 팔을 풀게 한다.

그 모습을 담담하게 바라보는 찬영. 진석이 신호에 걸려 잠시 둘러본다.

찬영과 눈이 마주친다. 그렇게 잠시 서로를 바라보는 찬영과 진석.

51.   찬영 집 앞 (밤)

비가 그쳤다. 원룸들이 모여 있는 다세대 건물.

찬영이 우산 들고 집 안으로 들어가려는데.

소리   찬영아.

돌아본다. 흠… 찬영, 눈물이 차츰 고인다.

진석이 미안하고 그리운 얼굴로 찬영을 보면서 서 있다.

찬영   집에 간 거 아니었어?

진석   내려주고 왔어. 회의 생겼다고….

찬영   ….

진석   ….

진석이 찬영의 손을 잡는다.

진석   저녁은?

찬영, 복잡한 마음이다. 좋기도 하고 슬프기도 하고.

52.　식당 (밤)

찬영과 진석, 밥을 먹는다.
진석은 찬영의 밥그릇에 반찬을 올려준다.

찬영　하지 마. 아쉬워지잖아.
진석　뭐가 인마….
찬영　오빠. 오빠도 힘들지?
진석　뭐가….
찬영　사이에서. 힘들지…?
진석　내가 무슨….
찬영　(밥 휘저으며) 나이 먹나 봐. 난 요즘에… 좀 지쳐.
진석　한약 한 제 먹자.
찬영　(참… 그냥 웃음이 난다) 40대나 드세요. 난 아직 30대라 괜찮거든요.
진석　그쪽도 곧 40대거든요.
찬영　아 짜증 나. 너랑 놀다가 마흔이 코앞이야.

퍽퍽 밥을 먹는 찬영. 진석은 맛있는 반찬을 찬영의 그릇에 올려준다.
늘 그랬던 것처럼, 잘 받아먹는 찬영.

53.　차이나타운 앞 (아침)

주희 서둘러 출근을 하는데, 노가리집 공사 후 [차이나타운] 간판이 걸려 있다.

주희　　중국집? 난데없다.

돌아서 서둘러 걸어가는 주희.

54.　　미조 집 거실 (아침)

양치질 중인 미조. 작약이 활짝 피었다. 웃는다.

55.　　차이나타운 안 (낮)

테이블이 들어와 있는 차이나타운. 현준이 의자를 배열하고 있다.
선우가 돕고 있다.

선우　　불경기라는데 자신 있어? 호텔 수석 셰프 앞두고 용감하다 너.
현준　　조용히 내 장사 하고 싶어. 거긴 전쟁이야 형.
선우　　멋있잖아.
현준　　나랑 안 맞아. 형은 진짜 미국 안 들어갈 건가 보다.
　　　　국시 합격하더니 취직까지 했어?
선우　　소원이가 여기 있으니까….
현준　　소원 씨는 오빠가 이렇게 자상해서 부담되겠어. (웃는다)
선우　　그런가? 친구랑 산다는데…. 집에 가보질 못하게 해.
　　　　다 됐지? 나 간다 이제.
현준　　밥 먹고 가~!
선우　　공연 예매해뒀어.

현준	그냥 가면 내가 미안하잖아.
선우	개업하면 밥 먹으러 올게.

선우, 손에 먼지를 탁탁 턴다.

56. _____ 공연장 로비 (밤)

라흐마니노프 피아노협주곡 제2번 연주회 포스터들이 보인다.
선우가 누군가를 기다린다. 전화가 온다. 받는다.

선우	오빠 중앙 포스터 앞이야. 어디야? (듣는다. 실망하는 표정)
	그래? 할 수 없지 뭐. 그럼 보강 끝나고 밥 먹을까? 오빠가 그쪽으로 갈게.
	(안 된다고 한 듯) 학원이 많이 바쁘네…. 그래 그럼. 응. 응. 그래~!

통화를 마친 선우는 서운하고 아쉽다. 그 뒤로 미조가 지나간다.

57. _____ 공연장 안 (밤)

묵직한 현악기 음색과 피아노 연주에 집중하고 있는 미조.
혼자서도 아늑한 얼굴이다. 좀 뒤로 선우의 모습도 마찬가지다.

58.   공연장 로비 (밤)

각자의 길로 걷던 선우와 미조가 마주친다. 처음엔 놀라고 이내 서로 웃는다.

선우   또 보네요.
미조   어떻게 여기서 보죠?
선우   차 가지고 왔어요?
미조   아니요. 공연 올 땐 잘….
선우   나도 버스 타고 왔는데. 이 시간에 탄수화물 안 되죠?
미조   (피식…) 맥주 한잔할까요?

기분 좋게 조우한 두 사람.

59.   맥주집 (밤)

적당한 안주와 함께 맥주를 마시는 미조와 선우.

선우   라흐마니노프 좋아해요?
미조   네. 라흐마니노프는… 영화음악 같아서 편해요.
선우   듣고 보니 그렇네… 다음 달엔 쇼팽인데 같이 올래요?
미조   아니요. 저 클래식 잘 몰라요. 이 곡만 좋아해요.
선우   독특하네요.

맥주를 마시는 두 사람.

미조	온누리는 어떤 인연이에요? 나처럼 거기서 자란 거 같진 않고.
선우	내 여동생이 여기서 살았어요.
미조	아… 뜻밖이다. 입양 가정 오빠가 동생 보육원에서 영어 가르쳐주고.
선우	궁금해서. 동생이 어떻게 살았을까… 갑자기 궁금해서요.
미조	(고개를 끄덕끄덕) 동생이랑 사이좋나 봐요.
선우	그쪽은요?
미조	우리 언니가 엄청 잘해줘요. 엄마 아빠도 좋고.
선우	통하는 게 좀 있어요, 우리?
미조	그러게요. 온누리보육원… 입양… 라흐마니노프.
	적절하게 통하고 적당하게 낯설고. 묘하네요.
선우	묘한 거면… 좋은 거죠?
미조	(글쎄… 그런가…? 갸웃 웃는다)
선우	나도 이제 작약 좋아졌어요. 그럼 작약까지 네 개나 겹치네.
미조	한 송이 가져온 거, 술 깨니까 웃겨요.

수줍게 웃는 미조를 바라보는 선우. 시선이 깊어진다.
용기를 내는 선우.

| 선우 | 보러 갈래요? 두 송이. |

미조, 당황은 잠시. 가만히 선우를 본다.

미조	그쪽 집에 가자구요?
선우	(부드러운 확신을 갖는다) 네.
미조	…. 작약을… 보러 가자구요. 두 번째 만나서 집에 가자….
선우	세 번이죠. 온누리에서부터 봤으니까.

미조, 선우를 가만히 본다.
선우 그 시선을 받아내는데… 사실 좀 떨린다.

미조   던져놓고 왜 긴장하지?
선우   (손에 땀을 바지에 닦으며) 그러니까요.

다시 시선을 부딪치고 있는 두 사람. 텐션이 가득하다.

미조   나랑. 자고 싶다는 얘기죠 지금.
선우   (정직한 시선) 네.

60.   선우 집 거실, 침실 (밤)

거실의 작약 두 송이. 카메라, 열린 침실로 가면.
미조와 선우가 키스하며 침대로 직진한다.

61.   선우 집 거실 (밤)

작약을 사이에 두고 마주 앉아 커피를 마시는 미조와 선우.

미조   작약 꽃말이 수줍음이라는데. 오늘이랑 안 어울리는 꽃말이다.
선우   이렇게 강렬한 향을 가진 꽃이 수줍음?
미조   이제 작약 보면 오늘이 생각나겠어요.

아직 달떠 있는 두 사람의 눈빛. 미조, 시선을 조용히 내린다.

미조   잘 마셨어요.

미조, 서둘러 일어나는데.

선우   또 봐요.
미조   ….
선우   다음엔 영화 볼래요?
미조   ….
선우   (좀 걱정이 되어 어색하게 웃는다) 나 별룬가?
미조   나. 한국에 없을 예정이라.
선우   !! …. 어디… 가요?
미조   네. 미국.
선우   …. 아… (다급하게) 안 와요? 다시?
미조   오겠죠. 한 1년? 2년? 놀려구요.

아쉬운 선우. 머뭇거린다.

선우   언제 가요?
미조   한두 달 정도 후에.
선우   …가기 전까지 종종 봐요.
미조   좋은 생각은 아닌 거 같아요.
선우   …그래도. 한 번은 더… 보고 가죠?
미조   …. 그래요.
선우   택시 태워줄게요.

미조, 핸드백을 든다.
선우, 미조 뒤를 서성이는데 너무 안타까운 얼굴이다.

62.   거리 (밤)

미조가 택시를 탄다. 선우가 기다려준다.
미조, 웃는다. 선우도 웃는다.
미조가 탄 택시가 멀어진다. 선우, 하… 진심으로 속상해한다.

63.   미조 집 거실 (밤)

옷도 갈아입지 않고 식탁에 앉아 있는 미조. 작약을 보고 있다.

미조   향이… 치명적이긴 하다.

달뜨는 볼을 감싸 쥐는 미조.
핸드폰이 울린다. 찬영이다.

미조   응 찬영. 나 집. 뭐??!!!

64.   파출소 안 (밤)

미조가 급하게 달려 들어온다.

찬영이 앉아 있다. 옆에는 열받은 중년 남자와 좀 어린 여자.

미조   찬영아.

찬영, 아무 표정이 없다.

남자   이 정도 합의해준 거 고마운 줄 알아 이 여자야!
찬영   가서 와이프한테나 잘하세요.
남자   (다시 욱해서) 이게 정말…!!!
여자   오빠 참아. 그냥 가 쫌!!
남자   아유 진짜… 별 거지 같은 게.

남자와 여자 나간다.

경찰관   정찬영 씨도 이제 귀가하셔도 됩니다.

미조, 뭐가 뭔지 모르겠다.

65.   택시 정류장 (밤)

미조와 찬영이 나란히 앉아 있다. 택시가 서도 타지 않는다.

미조   우리 파출소, 경찰서 너무 자주 간다. 친근해 이제.
찬영   (뚱…)
미조   왜 그랬어….

찬영	저것들 불륜이야.
미조	… 근데 니가 왜.
찬영	몰라. 화가 났어.
미조	그러게 니가 왜! 남이사 불륜이건 말건 왜 따귀를 때려.
찬영	니 눈에도. 나랑 진석이… 저렇게 보이냐? 더러워 보여?

미조, 아휴…. 답답하다.

찬영	내로남불…. 졸라 뼈 때리는 말이야. 그치?
	내가 하면 로맨스. 남이 하면 불륜.
미조	그니까 제발 좀….
찬영	근데 미조야.
미조	….
찬영	난 로맨스다. 시종일관… 멜로라고.
미조	그걸 누가 알아줘. 김진석이 유부남인 게 팩트야.
찬영	이럴 거면. 그냥 진석이 오빠랑 제대로 불륜할 걸 그랬어.
미조	파출소에 그냥 있어야 돼 너.
찬영	(쓸쓸하게 웃는다) 술 냄새 난다?
미조	한잔했지.
찬영	누구랑.
미조	남자랑.
찬영	별일도 없을 거면서 간 나빠지게 술은 뭐 하러 처마셔?
미조	간만에 로맨틱했는데. 라스트가 파출소야. 넌 친구도 아니야.
찬영	(피식) 로맨틱했다고. 오…. 했어?
미조	택시나 잡아.
찬영	주희한테 전화하자.

미조	아 왜!!
찬영	차미조 몇 년 만이야 이게~!
미조	뭘 세고 그래 미친… 아, 야!!!

찬영, 주희에게 전화 걸고 있다. 미조, 핸드폰 뺏으려고 난리다.
주희가 받았다. 핸드폰 뺏은 미조.

미조	자. 찬영이 잠깐 미쳤어.
주희(F)	나 빼고 한잔했지 니들!!
미조	자, 다시 자!

찬영은 깔깔깔 웃는다. 미조, 아이구… 찬영에게 핸드폰을 준다. 같이
웃음이 터진다.

66.   제이피부과 원장실 (낮)

커피를 마시며 미현과 이야기 중인 미조.

미조	오늘 여기 맡아줄 선생님 만나.
미현	후보군 몇 명이야?
미조	(멀뚱) 보고 괜찮으면 그냥 오라고 하려고.
	미국에서 종합병원 전문의 하다 오는 닥터야. 나보다 낫겠지 뭐.
미현	믿을 만해? 어떻게 아는 사인데?
미조	진석이 오빠가 소개해줬어. 진석이 오빠랑 시간이 안 맞아서 이제 봐.
미현	언제 이렇게 작전을 다, 어? 도주 작전을 아주 주도면밀하게 짜셨어?

미조	실장도 뽑을까? 언니도 같이 갈래?
미현	병원 말아먹을 일 있어! 엄마 아빠한테 빨랑 상의드려 너!
미조	아 몰라. 빨리 말해야겠지? 같이 가자.
미현	왜. 혼자는 쫄리니?
미조	살짝?

미조, 장난스럽게 웃는다.

67. 레스토랑 안 (밤)

미조, 메뉴판을 보며 기다린다.

진석(E)	미조야. 진짜 미안한데… 너 혼자 만나야겠다.
	찬영이가 갑자기 보재. 분위기 살벌하다. 정말 미안.

미조, 옷매무새를 단정하게 잡는다.

68. 카페 (밤)

진석과 마주 앉아 있는 찬영. 표정이 서글프다.

진석	배우 미팅 있는 거 겨우 빠져나왔어. 급한 일이야?
찬영	쉰 살엔 이혼할 수 있어?
진석	…. 찬영아….

찬영	육십 살에도 괜찮아. 하기만 한다면. 난 괜찮아.
진석	찬영이… 정말 많이 힘들구나….
찬영	할 거야 말 거야 오빠.
진석	…. 오빠 이혼하면… 좋겠어?
찬영	응.

진석, 마음이 복잡하다. 차를 마신다.

찬영	못 할 거 같아. 늙어 죽을 때까지 못 할 거 같아 오빠.
진석	찬영아….
찬영	나 담배 끊었어. 오빠도 끊을 거야.

진석, 심하게 눈빛이 흔들린다. 찬영은 단단하다.

69.   레스토랑 안 (밤)

웨이터를 따라가는 슈트가 잘 어울리는 남자의 뒷모습.
저만치 미조가 보인다.
남자의 걸음이 잠시 멈춘다. 이내 다시 뚜벅… 뚜벅….
미조, 무심코 고개를 돌린다. 남자를 본다.
남자, 선우다. 놀라는 미조.
선우도 많이 놀란 얼굴인데, 또한 기분이 좋은 모양이다.
마주 보는 미조와 선우. 선우의 입가에 미소가 번진다.

선우	차미조 원장님?

미조   …. 김선우 선생님?

         /당황하는 미조와 어떤 확신에 미소 짓는 선우.
         /고통스럽고 슬픈 찬영과 진석.

미조(N)   누군가는 시작하고. 누군가는 끝내던. 그때… 서른, 아홉.

         엔딩.

제2화

말 같지도 않은, 어느 날

1.   프롤로그

/찬영 집 거실. 찬영, TV로 마스카라 아이라인 세트를 파는 홈쇼핑 채널을 보고 있다. 빠져들어 간다. 바로 주문.

/찬영 집 거실. 찬영, 택배 상자를 설레는 마음으로 연다.
아이라인 꺼내서 거울을 본다. 흐뭇.

/고혹적인 눈매 클로즈업. 잘 산 거 같다는 표정.
하지만 현실 숏은 뭉툭한 아이라인에 떡이 진 마스카라. 아 놔….

/커피숍. 미조와 주희 또… 하는 표정으로 커피숍 탁자를 본다.
찬영이 산 마스카라와 아이라인들 잔뜩.

찬영	니들 써.
주희	니 친구, 백화점 화장품 매장 매니저잖아. 니 친구, 나.
미조	왜 자꾸 이런 짓을 하지?
찬영	우리 나이엔 눈매라고 했어.
주희	누가.
찬영	뷰티 유튜버가. 홈쇼핑 다 사기야.
미조	(밀어 주며) 가지고 가서. 연습해. 이게 문제가 아니라 니 스킬이 문제야.
주희	그 돈으로 간장게장 주문하라고 몇 번을 말하니….

가득 쌓인 마스카라와 아이라인 위로.

부제 '말 같지도 않은, 어느 날'

2.   레스토랑 안 (밤)

선우가 혼자 앉아 있다. 선우는 당황함이 지나가고 뭔가 좋은 기분에
살며시 미소가 올라온다.

3.   레스토랑 화장실 안 (밤)

미조, 손가락을 물어뜯으며 왔다… 갔다….

미조   미치겠네 정말….

거울 앞에 선다. 후… 호흡을 다듬는다. 거울 속 자기 얼굴을 본다.
와중에 상태 괜찮은지 요리조리 확인한다.

4.   레스토랑 안 (밤)

미조와 선우가 마주 앉아 있다.
웨이터가 식전 빵을 내주고 간다. 서로 물만 마시는 미조와 선우.
미조, 차분하게 선우를 본다. 선우도 그 눈빛을 받는다.

미조	이렇게 처음 만났어야 했는데, 버라이어티했어요?
선우	저는 오히려 다행이라고 생각해요.
미조	(본다)
선우	이게 첫 만남이면…. 그 시간들이 어쩌면 못 올 수도 있었겠다 싶어서.
	전 좋았거든요. 그쪽… 아니 원장님이랑….
미조	(말 자르며) 이렇게 하죠.
선우	(본다)
미조	우리가 20대도 아니고. 그럴 수 있는 사고잖아요?
	제 원래 자리에서 만나게 됐으니까. 나는 병원을 맡기고 자리를 비우게
	될 의사로. 그쪽, 김선우씨는 1년 동안 병원을 지켜줄 의사로.
	다시 시작해요. 그러는 게 좋겠어요.

미조, 속사포처럼 말해놓고 숨이 차다. 물을 마신다.
선우는 요동 없이 빵을 먹는다.

선우	다 좋습니다.
미조	다행히…
선우	하나만 수정해주세요.
미조	네?
선우	사고는 아니잖아요. 나는 그래요. 사고가 아니고….
	아주 오랜만에 찾아온… 뭐라 그래야 될까요…. 암튼 사고는 아닙니다.
미조	(좀 너무했나 싶다) 요점은…. 이제 병원 이야기를 했으면 하는데….
선우	편하게 하세요. 전 다 좋습니다.

식사가 나온다. 분위기가 어느 정도 정리된다.

5.   카페 (밤)

언젠가 올 일이었지만 당혹스럽고 마음 아픈 진석.
차분하게 진석을 바라보는 찬영.

찬영   미조는 마흔이 되기 전에 안식년 갖는대.
　　　난 마흔이 되기 전에 뭘 리프레시해볼까… 생각한 거야.
　　　오빠랑 나, 이 애매한데 짠한 관계… 정리해보려고.
진석   담배만 끊어. (서글프게 웃는다) 한꺼번에 다 끊으면… 금단 힘들어.
찬영   이러고 버티는 것도. 힘들어.

진석, 차마 할 말이 없어 고개를 숙인다.

찬영   주원이 때문이야?
진석   ….
찬영   주원이 데리고 살자. 내가… 내가 잘할게.
진석   찬영아….
찬영   나 나빠. 돌았나 봐. 멀쩡한 애를 한부모 가정 애 만들자고… 미쳤나 봐.
진석   내가… 못나서 그래.
찬영   잡지도 못하는 오빠가… 너무 불쌍해.

찬영, 조용히 일어나 카페를 나간다.
진석, 잡지 못하고 고개를 숙이고 있다.
눈에는 눈물이 좀 차오른다.

6.   레스토랑 앞 (밤)

발레파킹을 기다리는 미조. 선우가 기다려준다.

미조   병원에서 봬요. 위치는 아시죠?
선우   네. 진석이 형이 링크 보내줬어요.
미조   …. 근데… 뭐 하나 물어봐도 될까요?
선우   (그날의 이야기일까 기대한다) 네.
미조   그 좋은 스펙으로 왜 한국에서 일해요? 국시 패스도 어려웠을 텐데.

선우, 다른 질문이라 좀 김이 빠진다. 하지만 차분하게 대답해준다.

선우   이렇게 마흔이 될 순 없어서요.
미조   …?
선우   숙제가 있어서.
미조   …. 그 숙제가… 한국에서 해야 되는 건가 봐요?
선우   지금은 그런 거 같아요.

미조, 어려워서 잘 모르겠다. 그냥 넘겨둔다.
미조의 차가 온다. 차 문을 잡아주는 선우.
미조, 이 모든 게 낯설어 불편하다.

미조   (타기 전에 선우 보며) 이렇게 안 하셔도 돼요. 혼자 잘하거든요.
선우   매넙니다.

웃는 선우.

미조   갈게요.

미조, 차에 탄다. 선우의 얼굴을 한 번 더 볼 만도 한데, 그냥 출발하는
미조.
미조, 룸미러로 남아 있는 선우를 본다. 계속 미소를 짓고 바라보는 선
우가 보인다.

7.   차이나타운 안 (밤)

오픈을 위해 마지막 점검을 하는 현준.
영업시간 스티커를 입구 유리문에 붙이고 있다.
AM 11 붙어 있고, PM 다음 숫자 8을 붙이려고 스티커 떼려는데.

주희(E)   영업… 해요?

현준, 돌아보면 주희가 서 있다.

현준   안녕하세요. (싱긋)

현준의 싱긋 웃음에 잠시 멍한 주희. 정신을 차려본다.

현준   내일 오픈해요.
주희   (끄덕이며 식당 안을 살핀다) 보통… 몇 시까지 장사해요?
현준   8시요.
주희   (또 끄덕끄덕)

현준	내일 오시면 특별히 고추잡채 서비스 드릴게요. 꼭 오세요.
주희	(혼잣말처럼) 퇴근이 8시 넘는데.

좀 아쉬운 얼굴로 매장을 보는 주희.

주희	여기 사장님 어디로 가신지 아세요?
현준	저요? 저는 보시다시피 여기….
주희	아. 아니 저기… 이 전에 있던 가게 아저씨. 사장님이요.
현준	아… 저는 잘….
주희	여기. 노가리 맛있었는데.
현준	저희도 음식 맛있습니다!
주희	8시에 문 닫는다면서요. 노가리 사장님은 늦게까지 하셔서. 자주 제가. (뭔 소리냐) 번창하세요.
현준	감사합니다!!

주희, 간다. 손에는 맥주 가득한 비닐봉지.
현준, 주희를 한참 본다. 마감 시간을 본다.

8.   찬영 집 앞 (밤)

찬영이 터벅터벅… 보면 미조의 자동차가 서 있다.
다가가서 자동차 유리창을 톡톡 두드린다. 미조가 웃는다.

9.　　　　찬영 집 거실 (밤)

찬영과 미조가 맥주를 마신다.

미조　　　이리 와봐. 눈.

찬영, 얼굴 들이밀면. 마스카라 떨어진 걸 정리해주는 미조.
미조, 속상하다.

미조　　　마스카라 품질 좋다? 이 정도 울었음 판다 되는데.
찬영　　　내가 방송 야무지게 봤거든. 워터프루프. 벗겨내는 스타일.
　　　　　야한 마스카라.
미조　　　(얼굴 밀며) 이 와중에 넌….

풉 웃는 찬영. 미조도 웃는다.

미조　　　잘… 얘기했어?
찬영　　　어.
미조　　　오빠는. 뭐래?
찬영　　　걱정이야. 오빠 힘들 텐데.
미조　　　넌.
찬영　　　야한 마스카라 다 벗겨진 거 보면 몰라?

말없이 맥주를 마시는 미조와 찬영.

찬영　　　자고 가.

미조	침대 나 쓴다.
찬영	너. 미국 꼭 가야 돼?
미조	…. 좀… 쉬고 싶어.
찬영	그래. 너 무지 열심히 산 거 알지 내가.
미조	같이 가자. 진석이 오빠랑 가까이 있으면 더 힘들잖아.
찬영	손바닥으로 하늘을 가리지. 어디 간들 생각 안 나겠냐. 30대를 보냈는데.

찬영 말이 맞다. 흠… 맥주를 마신다.

10.   진석 집 거실 (밤)

거실에서 기다리던 선주가 벌떡 일어난다. 진석이 들어왔다.
긴장이 가득한 선주의 모습.

선주	식사는요?
진석	했어. 주원이는?
선주	잔다고 했는데….

진석, 선주 쪽은 보지도 않고 주원의 방으로 가 문을 열어본다.
잠이 든 열 살 주원이 보인다.

cut to.
주원의 방. 잠든 주원의 머리를 만지는 진석. 애틋하다.
이불을 덮어주고 주원이 좋아하는 로봇을 주원 품에 안겨준다.
방을 나선다.

cut to.

거실. 선주가 뭐라도 말을 걸어볼까 다가서는데 진석은 피곤한 얼굴로
서재로 간다.

진석   먼저 자.

자존심이 상하는 선주. 숨만 거칠다.

11.   선우 집 (밤)

작약의 물을 갈아주는 선우.
꽃이 유난히 예쁘다. 흐뭇하게 바라보는 선우.

FB (1화 S#43)/
미조 *작약. 이거 내일 되면 활짝 필 거예요. 그럼 향이 죽여요.*
선우 *그쪽 향수 향기도 죽여요.*
미조 *(자기 옷을 쿵쿵) 소주 냄새 나는데?*

FB (1화 S#44)/
미조 *이거 한 송이는 나 주면 안 돼요?*
미조 *줬다 뺏는 건 아니고… 작약, 오랜만이라….*
        두 송이는 그쪽 갖고, 나 한 송이만 줘요.

FB (1화 S#59)/
미조 *그쪽 집에 가자구요?*

선우 *(부드러운 확신을 갖는다)* 네.

미조 나랑. 자고 싶다는 얘기죠 지금.

선우 *(정직한 시선)* 네.

선우, 가만히 그날의 일들을 생각한다. 설레는 마음이 진해지는 거 같다.

12.   찬영 집 거실 (밤)

맥주 캔을 들고 얼음이 된 찬영. 미조는 해탈한 얼굴 같다.

찬영 시계 그 남자가… 그 의사라고?

미조 답답~~하다.

찬영, 가만히 생각하다가 웃음이 터진다.

찬영 이 언니 실연의 아픔을 너의 시작으로 달래도 되겠니?

미조 무슨 논리야?

찬영 야, 이런 시작도 괜찮다 어? 그래~ 만나고 호감이 오고 가고 뭐 보이지도 않는 확신을 막 서로 어? 졸라 피곤하게 그치? 진도 너무 맘에 드는데?

미조 *(좀 보다가)* 이러고 신나할 일이야? 오늘 헤어진 애 맞아?

갑자기 뚱해진 찬영.

찬영 뼈 때리고 지랄이야…. 너 바닥에서 자!!

미조 침대 나 준다며~!!

찬영	너한테 하도 뼈 맞아서 온몸이 다 쑤셔. 설레터지는 니가 바닥에 자.
미조	누가 설레터져~! 한 번 잤다고 설렐 나이니!
찬영	낼모레 마흔은 뭐 화석이야? 박제야? 듣기만 해도 설레는구만.
	쳐 자 이년아.

찬영, 맥주 캔을 정리한다. 미조, 남은 맥주 캔을 사수한다.

13.   주희 집 주희 방 (밤)

침대에 기대앉아 맥주 마시며 핸드폰 스트리밍으로 드라마 보는 주희.
맥주를 잘도 마신다.
노크 소리 들리면 주희 모 얼굴 들이밀며.

주희 모	자다 오줌 마려. 그만 마셔.
주희	이게 끝이야.
주희 모	벌써 네 캔을 다 마셨어? 술 처먹는 하마야 니가?
주희	간이 좋은 걸 어떡해.
주희 모	내가 주당을 낳았지, 누가 지 아빠 딸 아니랄까 봐.
	얼른 자!!

주희 모 나가면 다시 플레이시켜 드라마 본다.
이제 누워서 자기 직전까지 시청 모드다.

14.   찬영 집 거실 (밤)

잠옷 차림의 찬영이 거실 창에 서 있다.
눈이 많이 부었다. 계속 눈물이 난 거 같다.
방 안에서 찬영의 티셔츠와 파자마 바지를 입고 나오던 미조가 찬영을
본다. 가만히 다가와 찬영을 백허그한다. 좀 놀라다가 미조의 손을 토닥
이는 찬영.

찬영	왜 안 자.
미조	약이 없어.
찬영	약 없음 못 자?
미조	응.
찬영	오래… 됐어?
미조	…응.
찬영	…푹 쉬고 와. 약 안 먹어도 잘 수 있게.

미조, 찬영을 더 꼭 안는다.

찬영	차미조 가슴 좀 커진 거 같은데?
미조	아유…. 꼴통 정말….

미조 돌아서 냉장고로 가 생수를 꺼낸다.
찬영, 지긋이 웃으며 미조를 본다.

15. 차이나타운 앞 (아침)

젖은 머리 드라이도 안 하고 바쁘게 출근하는 주희.
차이나타운 지나가다가, 아! 다시 돌아와 유리문에 붙인 숫자 스티커
본다.
클로징 시간이 PM 10시. 피식 웃는 주희.
다시 출근길을 바쁘게 나선다.

16. 찬영 집 거실 (아침)

옷을 다 챙겨 입고 핸드백과 핸드폰 등을 챙기는 미조.

미조   간다!
찬영(T) (졸려 죽는) 가… 가 쫌!!!

미조, 피식 웃고 나선다.

17. 선우 집 침실 (아침)

자고 난 침대는 정갈하게 정리되어 있다.
선우의 양복이 침대 위에. 셔츠 입고 넥타이를 매는 선우.
양복 재킷을 입고 거울을 본다. 좀 보다가 타이를 뺀다.
노타이도 어울리는 말끔한 선우.

18.   제이피부과 로비 (아침)

미현과 간호사 4명이 고객 소파에 다소곳이 앉아 있다.
선우가 맞은편 소파에 앉아 있다.
미현은 선우를 요리조리 살피는 게 티가 난다.
미조는 선우와 좀 떨어져 앉아 있다.

미조   오늘부터 우리랑 같이 진료하실 김선우 선생님이에요.
         (선우에게) 인사하시죠.
선우   반갑습니다. 잘 부탁해요.

선우, 인사가 끝났다. 미조, 뭐야… 선우를 본다.
미현과 간호사들도 진심 끝? 이런 표정이다.

선우   생년월일부터 자세히 소개할까요?
미현   아유 투머치죠. (본색) 기혼이세요?
선우   미혼입니다.
미현   아… 갑자기 생년월일이 되게 궁금하네요. 우리 원장님보다 연하?

미조, 뭐야 이 흐름!! 미현을 본다.

미조   어딜 봐서 연하일 거라고 짐작하시는지.
미현   누가 피부과 선생님 아니랄까 봐 피부가 거의 20대 같으세요.
선우   스킨밖에 안 바르는데… 부모님 덕인 거 같습니다.
미현   환자들한테 그런 말씀 하시면 저희 병원 문 닫겠어요.
         스킨만 발라도 꿀피붑니다. 그치?

간호사들에게 동조를 구한다. 간호사들은 이미 선우의 비주얼에 방긋
방긋.

미조   차 실장님 은근슬쩍 군기 잡지 마시구요.

         미현, 미조를 확 노려본다. 선우, 티격태격이 재밌다.

미조   사용하고 있는 의료기기들은 차 실장님께서 안내해주실 거예요.
         (간호사들에게) 질문 있으면.

         서로 질문하려고 나서려는데.

미조   사적인 시간을 이용하시고. 상견례는 여기까지 하시죠.
         오늘도 수고하십시오!!

         미조, 시원하게 인사하고 원장실로 이동한다.

선우   제 진료실은….
간호사1   제가!!! 안내해드릴게요.
미현   뭐야, 유난히 빠르다 오늘?

         분위기 좋게 시작하는 제이피부과.

19. 제이피부과 원장실 (아침)

진료 준비하는 미조. 미현이 들어온다.
소리가 나가지 않게 신경 쓰며 묻는 미현.

미현   사람은 괜찮아 보인다. 몇 살이야?

미조   나랑 동갑.

미현   잘 해보자.

미조   뭐를.

미현   (알잖아 하는 눈빛) 뭐든.

미조   (기가 막혀) 나 이제 떠난다고.

미현   요즘 다 원장 2인 3인 그렇드라. 그냥 여기서 쉬엄쉬엄하지 그래.

미조   싫어.

미현   (빡침) 엄마 아빠한테는 언제 말할 건데!!

미조   조만간?

미현, 팽 돌아서서 나간다. 웃는 미조.

20. 제이피부과 레이저실 (낮)

선우가 여드름 남자 피부를 레이저 치료 중이다.

선우   시작하겠습니다. (레이저 조금 시작) 이 정도 괜찮으세요?

환자   네.

선우   오른쪽으로 고개 조금만 돌릴게요. 네 좋습니다.

진지하게 치료 중인 선우.

21.   제이피부과 미조 진료실 (낮)

미조가 아토피 다섯 살 여아를 치료 중이다. 팔을 이리저리 본다.

미조   우리 희정이 많이 간지럽겠구나….
       왼쪽 팔도 보여줄래?

       환부를 살피는 미조. 아이 엄마가 걱정스레 본다.

미조   수분 젤 듬뿍 발라주시죠?
엄마   네.
미조   피부 착색이 좀 나아지고 있어요. 연고 바르는 거보다 수분 젤 자주 발
       라주시는 게 더 좋아요.
엄마   알긴 아는데 자꾸 긁어서 안쓰러우니까….
미조   맞아요. 애기가 긁는 거 보면 속상하지 뭐.

       아이를 보며 안쓰러워하는 미조.

22.   제이피부과 선우 진료실 (낮)

커피를 내주는 간호사 1. 매우 좋아라 한다.

선우	아유 감사합니다. 제가 챙겨 마실게요.
간호사1	저희 거 내리면서 같이 한잔 내렸어요.
선우	잘 마실게요.

간호사 1 인사하고 배시시 나간다. 뒤로 미조가 들어온다.

미조	병원 분위기 이렇게 좋아지네.
선우	병원 분들이 다 친절하시네요.
미조	이 정도 아니었는데.

선우, 웃는다.

미조	불편한 거 없어요?
선우	네. (미조 차림을 보며) 집에 안 들어갔나 봐요?

미조, 니가 왜 상관이지… 본다.

미조	네.
선우	오지랖이죠?
미조	네.
선우	무지 단호해요 미조 씨.
미조	차 원장이라고 불러 줘요.
선우	아, 네.

싱긋 웃는 선우.

미조	수고해요.
선우	수고하세요, 차 원장님~!

미조는 민망하게 돌아서 나간다. 선우는 미조의 모든 것이 다 즐겁다.

23.   모멘트 매장 (낮)

주희, 영업 중이다.
20대 후반의 예쁜 여자 손님, 혜진이 들어와 제품을 보고 있다.
남친과 통화 중이다. 달콤해 보인다.

혜진	친구랑 방금 헤어졌어. 응. 응. 지금? 백화점. 세럼 다 떨어져서 하나 사려고. 응? 아니 내가 사면 돼~!
	(듣는다) 오빠 카드? 아 맞다 나한테 있지. 거봐 나 심부름 시키지 마, 자꾸 까먹잖아. 오늘 저녁에 꼭 달라고 해, 나 또 까먹어.
	진짜? 진짜 오빠 카드로 산다? 세럼 말고 명품관 가도 돼?
	(웃는다) 왜 말을 더듬어. 큭큭… 알았어, 이따 봐.

혜진, 크림 쪽을 본다. 주희가 다가온다.

주희	세럼 보세요?
혜진	네. 어떤 게 좋아요?
주희	특별히 더 신경 쓰이는 부분이 있으세요?
혜진	요즘 탄력이 좀….
주희	(세럼 샘플 보여주며) 이 제품 좋아요. 20대 분들도 많이 좋아하세요.

제형 한번 테스트 해봐드릴까요?

혜진, 손등을 내민다.
주희, 세럼을 올려준다. 발라보는 혜진. 흡족하다.

/주희, 제품 쇼핑백과 카드와 영수증을 내준다.

주희   (영수증 주며) 감사합니다. 예쁘게 바르세요!

세럼 사서 나가는 혜진.

여직원   오빠 카드로 쇼핑하고. 좋겠다.
주희   너도 니 카드로 쇼핑해. (피식)

주희, 여유롭게 쇼핑하는 혜진을 또 돌아본다.

24.   골프 연습실 안 (낮)

점심시간 동안 레슨을 받는 미조. 아이언을 쳐본다.

여프로   백스윙하고 너무 빨리 내려와요 지금.
미조   한 템포 쉬고 내려왔는데?
여프로   지금보다 조금 더 멈춰보고 내려온다고 생각하고 다시 쳐봐요.

미조, 연습 스윙을 해본다.

여프로	그렇지. 그 템포.

미조, 스윙. 잘 맞았다. 여프로를 보고 웃는다.

미조	괜찮았죠?
여프로	비거리 욕심만 접어두시면 안정적이라니까…. (웃는다)

미조, 야심차게 다시 어드레스하는데 핸드폰 울린다.

미조	잠시만요. (받는다) 어 선배! 응. 아 그래? 날짜 일찍 나왔네?
	응. 나랑 친구 둘. 응. 진짜 고마워요 선배.
	금식하고 깨끗하게 해서 갈게! 밥 살게!

기분 좋게 통화를 마치는 미조.

25.   연기 레슨실 (낮)

찬영은 벽면 거울에 기대서서 진석의 주춤거림을 보고 있다.
진석 괜히 시설을 두리번거린다.

진석	겨울에 춥지 않니? 지하라서 냉기 있을 거 같은데.
찬영	무슨 말 하려고 왔어?

진석, 탁자에 들고 있던 서류 봉투 내려둔다.

진석   파리 아트 스쿨 안내서야. 공부 더 하고 싶어 했잖아.

        너도 마흔 기념으로 공부해.

찬영   싫어. 영어도 못 하고 불어도 못 해.

진석   가면 다 배워.

찬영   아 정말 왜 이래?

        미조는 같이 미국 가자고 그러고. 오빠는 유학 가라 그러고.

        팔자 폈다 정찬영. 그렇게 그러면 같이 가던가.

진석   찬영아….

찬영   오빠 말이 맞아. 한꺼번에 끊으려니까 금단 부작용 쩔어.

        오빠 때문에 다시 담배 사고 싶어진다고!

        화가 나서 왔다 갔다 서성이는 찬영. 가만히 바라보는 진석.

진석   찬영아. 난 왜 이렇게 우유부단할까 몰라….

찬영   이제 알았어?

진석   니가 힘든 거 보면서도. 아무것도 못 하고 (브로슈어 보며) 이런 거나

        가져오는 내가. 이 세상에 없는 놈이었으면 좋겠다.

찬영   그런 말 하지 마. 그런 오빠를 10년 넘게 잡고 늘어진 내가 뭐가 돼.

        내가 길었어. 너무 길게 괴롭혔어.

        괜찮아. 편하게 가 오빠.

        안내서 쓰레기통에 던져 넣는 찬영. 사무실로 들어가버린다.

        진석, 다시 꺼내서 탁자에 둔다.

26.　차이나타운 앞 (밤)

주희, 불이 환하게 켜진 차이나타운 앞을 지난다.
손님들이 두어 테이블 있다. 그냥 지나치는 주희.

현준(E)　진짜 퇴근 늦으시네요?

주희, 뭐야, 나야? 돌아보면 현준이 셰프복을 입고 서 있다.

주희　저요?
현준　동네 주민 컨디션 고려해서 영업시간 연장했는데.
　　　개업 인사도 안 해주시고.
주희　저 때문에 연장한 거예요?

주희(N)　말로만 듣던 그린 라이트인가.

현준　통장 아저씨가 건의해주셔서.

주희, 젠장… 좋다 말았다.

현준　고추잡채 시식하고 가세요. 무료 시식.
주희　제가 내일 건강검진이라 금식해서요.
　　　친구들이랑 주말에 꼭 올게요. 주말에.

어색하게 인사하고 돌아서 걸어가는 주희.

현준(E)   꼭 오세요!

고개만 돌려 네네⋯ 어정쩡 인사하고 다시 걸어가는 주희.

주희   그린 라이트도 아니면서 자꾸 말 걸구 난리야.

픽픽 걸어가는 주희. 전화가 온다.

27.   제이피부과 선우 진료실 (아침)

진료 준비하는 선우. 노크 소리 들리고 미현이 얼굴을 내민다.

미현   오늘 진료 혼자 다 보셔야 해요.
선우   차 원장님은⋯.
미현   건강검진 간대요. 미국 들어가기 전에 싹 스캔하고 가야 된다나 뭐라나.
선우   역시 차분하고 똑똑하네요.
미현   글쎄요.

삐죽하는 얼굴 보여주며 웃는 미현.

선우   두 분 되게 친하신 거 같습니다.
미현   혹시 동생 있어요?
선우   네⋯.
미현   말 잘 들어요?
선우   네⋯ 뭐.

미현	차미조는 말 드럽게 안 듣는 동생. 느낌 오죠? (생긋) 수고하세요~!

미현 나간다. 멘탈이 털린 선우. 가만있자….

선우	차 실장님… 차미조… (이제야) 아….

선우, 복잡하고 부럽고 그런 얼굴이다.

28.   대학병원 건강검진센터 로비 (낮)

병원 가운을 입고 건강검진 준비 중인 세 여자.

찬영	짜장면 그 남자. 그럼 그거 썸 아니냐? 시간까지 바꾸고.
주희	통장 아저씨가 건의했다잖아.
찬영	보통 서비스는 군만두거든. 고추잡채면… 사랑인데?
미조	고추잡채가 사랑… 야 넌 좀 부추기지 좀 마.
주희	아 배고파. 고추잡채 그만 말해. 침 고여.
찬영	그니까 말이야. 왜 이런 건 하자고.
미조	우정 기념.
찬영	이렇게 쏠 돈으로 명품 스니커즈나 사줘!
미조	너랑 안 어울려.
주희	나 작년에 엄마랑 했다고 이거. 왜 자꾸 아까운 피를 뽑아야 되냐고.
미조	그냥 좀 해. 나도 오랜만에 하는 거야. 미국 가서 아프면 어떡해.
	검진받고 안전하게 가야지.
찬영	그럼 그렇지 우정 기념? 절교다 이 새끼야.

미조	프리미엄 코스야. 비싼 거라고.
찬영	그럼 이게 얼마냐고. 현금으로 줘 그냥!
미조	쫌…!
주희	끝나고 우리 동네 거기 가자. 내가 짜장면 사줄게.
	친구들이랑 한번 간다고 했단 말이야.
	짜장면 세 그릇 팔아주고 출퇴근 좀 편하게 하자.
찬영	고추잡채라면 한번….
미조	오늘 기름진 거 먹으면 안 돼.
찬영	우리가 또 함 봐줘야지. 우리 주희 썸 시작인데!!
주희	살짝 그린 라이트…. 애매하지?
간호사	링거 놔드릴게요.
미조	네~ 이쪽 그린 라이트부터 맞을게요.

주희, 이런 씨… 궁시렁.

29.   차이나타운 안 (밤)

음식을 기다리며 주방의 현준을 간 보는 미조와 찬영.
주희는 그만 보라고 툭툭 친다.

찬영	(소근) 어린데?
미조	(복화술하는 줄) 열 살 차이 아니면 연하 아니야.
주희	나중에 좀 하지.

현준이 요리하다가 문득 홀을 보는데 세 여자와 눈이 마주친다.

찬영은 턱을 괴고 방긋. 미조는 괜히 냅킨으로 눈곱 찍어내고.
주희와 눈이 마주치자 싱긋 웃는 현준. 주희도 어색하게 목례.

찬영	미친… 인사를 몇 번을 해. 강아지 인형이냐?
주희	니들 땜에 어색해서 멘탈 털렸잖아.
미조	갈 길이 멀다… 이 정도로 멘탈이 왜 털려.
찬영	할 만해. 이 언니들이 작전을 좀 짜볼 테니까 넌 오늘 쫌만 마셔.
	꽐라 돼서 초치지 말고.
미조	불안해 너. 동네 초입인데 당분간 술 끊어.
주희	하지 마 쫌…. (하면서도) 너무 어리면 어떡하지?
찬영	미조 말 못 들었냐. 열 살 이상 아니면 퉁이야.

이때, 문이 열리고 백화점 손님이었던 혜진이 유난히 앳된 모습으로 들어온다.
주희, 어디서 봤더라… 혜진, 그대로 주방으로 입구로 가서 현준을 보며 웃는다.

현준	왔어?
혜진	도와줄까?
현준	앉아 있어 괜찮아.
혜진	오빠, 나 이거 샀다~!

혜진이 세럼을 보여준다.

혜진	잘 쓸게, 고마워~!

현준, 얼마든지… 하는 표정으로 웃어준다.

주희, 이제야 생각난다.

미조와 찬영, 아씨… 뭐냐…. 주희를 본다.

주희   (체념) 고량주 한잔하자.

미조   하자.

찬영   왜 이래? 골인한 사람이 이기는 거지.

미조   (소근) 수비 너무 세.

찬영   공격력 올려 그럼!

현준   네?

주희   고량주 하나 주세요.

혜진   네~! 오빠 내가 할게.

세 여자 혜진을 계속 본다. 너무 이쁘다. 혜진, 왜 볼까… 어색해한다.

혜진   뭐… 필요하신지….

주희   네? 아… (미쳤다) 예쁘세요.

아…. 이런 미친… 얼굴을 쓸어내리는 미조와 찬영.

혜진   감사합니다….

현준이 주방에서 나와 고량주를 내준다.

빈 테이블에 앉아 인스타를 시작하는 혜진. 바쁜 현준이를 신경 쓰지 않는다.

찬영   (소근) 예쁘세요? 미쳐 내가.
미조   아휴….

        셋이서 독한 고량주를 원샷.

찬영   크…. 역시 소독은 알콜이지.
미조   아… 핑 돈다. 너무 빈속이야 나.

        주희는 세 잔을 또 채운다.

주희   시계 불러. 무슨 걱정이야?
미조   (다시 원샷) 빨랑 취해서 너한테 오바이트할 거야.
주희   고대로 모아서 니 얼굴에 팩 해줄게.
찬영   식전에 왜들 이러지?

        문이 열리고 선우가 들어온다. 뭐지… 멍하다가 식겁하는 미조.
        선우는 주방으로 곧장 가며 은은한 미소를 짓는다.

주희   어….
미조   나 취했나 봐.
찬영   (미조에게) 불렀어?

        현준이 주방에서 선우를 본다. 활짝 웃는다.

현준   어 형 왔어?
선우   출출해서.

현준	자리 잡고 있어. 주문 좀 밀려가지구.
선우	천천히. (혜진을 본다) 혜진 씨 왔어요?
혜진	선우 오빠 오랜만이에요~!

선우, 자리를 찾아 앉다가 시선을 느낀다. 돌아보다가 눈이 커지는 선우.
미조, 차분하게 목례를 한다.

선우	미조 씨… 여기….
찬영	미조 씨… 오우.
미조	친구 집 근처라서요. 그럼 식사하세요.
주희	혼자 오셨으면…

하는데 미조가 테이블 아래로 니킥을 날린다.

주희	아!!!
찬영	왜 애를 패니. (이미 의자 빼며 선우에게) 양장피 나올 건데.

선우, 미조를 본다. 전전긍긍하는 미조가 웃긴다.

선우	음… 양장피 좋아하는데요. 미조 씨, 아니 저희 원장님께서 불편하실 거 같아서.
찬영	따로 앉는 건 웃기면서 불편해. 오세요!

찬영과 주희 미조를 압박하며 바라본다.

미조	여기 수저 세트 하나 더 주세요.

선우, 빙그레 웃으며 의자에 앉는다.

선우   그럼 마지못해 합석을 해볼까요?

미조, 에라 모르겠다… 단무지 하나 먹고는 다시 고량주를 마신다.
빈 잔에 선우가 고량주를 따라준다.

찬영   우리 모두 인연인가 봐요. 여기가 그쪽 지인 가게였어요?
선우   네. 친한 동생이에요.
주희   우리 미조랑 같은 병원에서 근무 하신다고.
선우   네. 제 고용주시죠.
미조   고용…. 아 취해. 안주 언제 나와요?
현준   곧 나갑니다~!
찬영   작작 마시세요 차 원장님. (야, 쫌…)

이때, 미조의 핸드폰이 울린다. 발신자 '낭만 아빠'.
미조 눈이 휘둥그레진다.

미조   어….
주희   아빠다.
찬영   안 받아?
미조   아 씨… 언니가 불었나? (망설이다가) 존경합니다 아부지~~.

핸드폰 너머로 쩌렁쩌렁 막 뭐라고… 미조, 하… 죽었다….

미조   아빠 지금 내가 약속이… (차 교수 버럭 하는 듯) 핸드백 들었어. 간다고 지금.

통화 마친 미조, 근심이 확 몰려온다. 고량주 나머지 한 잔을 켠다.

찬영	뭔 일이야?
미조	나 아직 말 안 했거든. 아빠랑 엄마한테.
주희	(미조 잔 내려놓으며) 조신하게 가자.
찬영	택시 불러줘?
미조	어. (아씨…)
선우	일어나요. 내가 태워줄게요.

찬영 주희, 어머… 멋짐 폭발.

미조	(괜히 여기다 짜증) 됐는데요.
찬영	삼성동이에요. 코엑스 근처.
주희	상세 주소 찍어드릴까?
미조	야!!

핸드백을 들고 일어나는 미조. 핑 돈다. 얼결에 핸드폰을 두고 나간다.
선우가 미조의 핸드폰을 들고 일어난다.

선우	다음에 제가 밥 살게요.

서둘러 나가는 선우. 찬영과 주희 턱을 괴고 선우의 퇴장을 본다.

찬영	미조 지금 미국 가는 거 에러지.

주희   생일상 받고 냉수 마시는 거랑 다를 게 없지.

와중에 주희는 혜진의 얼굴만 자꾸 본다.

30.   선우 자동차 안 (밤)

미조 한숨만 푹푹 쉰다. 선우 운전하며 차 문 수납공간에서 초코파이를
내준다.

선우   건강검진하고 빈속이잖아요.

미조, 술이 올라온다. 초코파이 까서 우적우적 먹는다. 맛있다.

선우   아버님이 엄하신가 봐요.
미조   별로요.
선우   말 잘 듣는 딸이구나. 언니 분은 말 드럽게 안 듣는 동생이라고.
미조   언니가 그래요? 참 나….
선우   (피식) 저기… 혼나러 가는 거 아니에요?
미조   왜요?
선우   이에 초코파이가 다….

미조, 조수석 앞가리개 열어 이를 본다. 에이… 열심히 쩝쩝 파이를 뺀다.
선우, 미조가 귀엽다.

31.　차 교수 집 앞 (밤)

단독주택. 선우의 차에서 내리는 미조. 창문을 여는 선우.

선우　잘 가요.

미조　오늘 태워줘서 고마워요. 낼 봐요.

미조, 돌아서 집 앞에 선다. 후후! 하며 술 냄새 확인하는 미조를 보는 선우.

선우　고량주 향이 그렇게 쉽게 사라지나.

웃으며 출발하는 선우.

32.　차 교수 집 거실 (밤)

소파에 다소곳이 앉아 있는 미조. 차 교수(남, 70대)와 미조 모(60대 후반)가 나란히 앞에 앉아 있다. 미조 곁엔 미현.

차 교수　차미조.

미조　아빠. 나 당 떨어져. 건강검진 받느라 못 먹었어.
　　　양장피 딱 나오려는데 아빠가 전화했거든.

미현　빈속에 술을 처… 아유….

차 교수　살치살 좀 굽지.

미조 모　그르까?

배시시 웃는 미조.

33.　　차 교수 집 주방 (밤)

미조, 열심히 살치살 먹고 있다.
그 모습을 지켜보는 차 교수, 미조 모, 미현.

미조　　아 살 거 같다. (끄억…)
미현　　(손사래) 고개 좀 돌리고 어?
미조　　아빠. 엄마. 나 있지….
차교수　가.
미조　　(휘둥글) 어??
차교수　가서 쉬고 와.
미조　　아빠….
차교수　오장육부 고장 나면 수술을 하든 약을 먹든 하잖아.
　　　　마음이 고장 났으면 쉬어야지.
미조 모　공황장애는 언제부터 온 거야….

미조, 조용히 미현을 노려본다.

미현　　난 언니의 의무를 다했을 뿐이야. 야, 솔직히 뭘 말씀드려도 쉴드가 안
　　　　쳐지는데, 어쩌냐 그럼. 이실직고해야지.
미조　　그렇게 심각한 건 아니야.
차교수　심각해지기 전에 쉬겠다고 맘먹은 게 어디야. 아빠도 같이 가.
미조　　어???

미조 모	엄마도.
미현	난리 났네.
미조	아 엄마… 이건 아니지~! 클럽 가면서 부모 동반이 말이 돼?
미조 모	(차분하다) 클럽이나 가면 몰라.
미조	내가 클럽에서 부비부비할 나이는 아니잖아.
차 교수	여보, 와인 한잔합시다. 울적하네.
미조	아빠….
차 교수	너 가면 낭만에 대하여는 누가 불러줘?
미조	전화로?
차 교수	같이 가자니까.
미조	안 가.
미조 모	그럼 더 좋구. 여기서 쉬어 여기서.
차 교수	애한테 왜 그래… 아빠랑 가 아빠랑.

미조, 아 죽겠다 증말….

34.   선우 집 주차장 (아침)

선우 자동차를 막고 있는 자동차. 선우, 난감해하며 전화를 건다.

선우	네. 3490 차주 분이세요? 차 좀 빼주세요.
	네? (황당…) 아니 이렇게 차를 두시고 출장을요?
	(듣는다) 네… 언제 돌아오세요?

하… 난감하고 열도 받고.

35.   제이피부과 엘리베이터 안 (아침)

미조가 타고 있다. 1층에서 문이 열린다.
선우가 땀범벅이 되어 탄다.

미조   뛰어 왔어요?

선우   지하철역에서부터… 헉헉… 누가 차를 막아놓고 가서….

미조   아직 여유 있는데.

선우   원장님한테 잘 보이고 싶어서요.

미조   그렇게 깐깐한 사람 아닌데요.

선우   어젠 잘 혼나고 왔어요?

미조   혼나는 게 나을 뻔했어요. 아, 어제 고마워요.

선우   드라이브하고 좋았습니다.

미조   언제 밥 살게요.

선우   좋죠!

36.   찬영 집 침실 (낮)

자고 있는 찬영. 전화가 울린다. 진석이다.
받지 않는다. 다시 울린다. 거절.
이어 초인종 소리. 아씨….

37.   찬영 집 앞 (낮)

후드티 모자까지 뒤집어쓰고 슬리퍼 차림의 찬영이 나온다.
진석은 골프 복장으로 서 있다.

찬영   라운딩 쨌냐?

진석   우리 배우들은 계속 봐줄 거지?

찬영   그 말 하러 왔어?

진석   지금 촬영 중인 배우들은 책임져.

찬영   매니지먼트 대표 맞네.

진석   그러면서 다시 생각해. 감정적으로 하지 말고.

찬영   감정만 가지고 살다가 겨우 이성적으로 생각한 거야.

       세 명 드라마 영화 마칠 때까지 책임질게.

       걱정하지 말고 가. 나 더 자야 돼.

진석   밥 먹고 자.

찬영   아 쫌. 그런 거 하지 말랬잖아, 존나 흔들린다고!

진석   밥 먹어. 먹고 자. 몸 축나.

찬영   죽으면 썩을 몸 축나면 그만이지.

진석   말 좀.

찬영   아 몰라. 가.

진석   타.

찬영   이 꼴로?

진석   그 꼴이 젤 낫다.

찬영   안 먹는다니까.

진석   암 소리 안 해. 밥만 먹고 들어가 자. 아, 나 배고파서 그래.

자동차 문을 열고 기다리는 진석. 찬영, 에라 모르겠다, 탄다.

38.　　한정식집 룸 안 (낮)

가득한 상차림.

찬영　　눈뜨자마자 수라상은 아니라고 본다.

진석　　얼쩡거리지 않을 거야. 너 희망 고문 안 해.
　　　　그렇다고 미조 절친 찬영도 안 하는 건 아니지 않아?
　　　　그럼 보고 사는 거야. 미조랑 내 사이에 찬영이로 살자.

찬영　　말 엄청 어렵게 돌린다.

진석　　엄청 쉽게 얘기할게. 영 남남은 하지 말자.

찬영　　오빠는. 다 우유부단한데. 딱 두 개만 단호해.

진석　　뭐가.

찬영　　배우 매니징. 정찬영 눈앞에 두고 살기.

진석　　먹어. 죽부터 먹어. 위 놀라.

찬영　　너 땜에 놀라. 내 말을 죽어도 안 듣는 너 땜에 식겁해 아주.

막 먹는 찬영. 진석, 물을 내준다.
못 보낼 거 같은 진석. 속상해서 젓가락질만 하다 말다.

39.　　제이피부과 선우 진료실 (낮)

선우, 인터넷으로 렌터카 알아보고 있다.

노크 소리 들리고 미조가 차트를 들고 서 있다.

선우   네!
미조   진료 환자들 분류를 좀 해야 될 거 같아서요.
선우   이쪽으로 주세요.

미조, 선우 책상에 차트를 내려놓다가 모니터에 렌터카 페이지를 본다.

미조   차 렌트해요?
선우   아… 오늘 저녁에 동생이랑 가평에 만둣국 먹으러 가기로 했는데 차를
       못 빼서. 난감하네요.
미조   아직도 차 주인 안 왔어요?
선우   깜박하고 출장 갔대요. 대리 기사님이 주차해서 깜박했다네요.
미조   아이구. (하고는) 근데, 만둣국 먹으러 가평까지 가요?
선우   동생이 만두를 엄청 좋아해요.
미조   자상하시네. 아, 제 차 가지고 가세요. 보험 안전하게 돼 있는데.
선우   괜찮아요, 하루 렌트하면 뭐….
미조   어제 신세 진 거 갚는 거예요. 병원 주차장에 두고 가시면 되고.
선우   (망설이다가) 그럼… 신세 좀 지겠습니다.
미조   갚는 거라니까요. (웃는다)

40.   미조 자동차 안 (밤)

선우 운전한다. 라흐마니노프 피아노협주곡이 흘러나온다. 기분이 좋다.
저 앞에 소원이가 서 있다. 활짝 웃는 선우.

소원이 앞에 차를 세운다. 창문을 내리고.

선우   소원아!!!

티셔츠에 청바지, 운동화, 에코백 둘러멘 청순해 보이는 소원이 눈이 동
그래진다.
조수석에 타는 소원. 출발하는 선우.

소원   오빠 차 바꿨어?
선우   아니. 사정이 있어서 빌렸어.
소원   고장 났어?
선우   아니. 얘기하면 길어. (웃는다) 음악 좋지?
소원   또 라흐마니노프야?
선우   내가 튼 거 아니야. 이 차 주인 취향이야. 좋지?
소원   난 이제 라흐마니노프 별로라니까….
선우   만두는 별로 아니지?
소원   (싱긋) 완전 좋지!

기분 좋은 선우. 행복하다.

41.   만두집 안 (밤)

소박한 인테리어. 오랜 맛집 분위기다.
소원이 엄청 잘 먹는다. 선우는 보기만 해도 좋다.

선우   오빠 취직했어.

소원   진짜? 병원?

선우   응. 강남에 피부과.

소원   잘됐네. 병원 분위기는 괜찮아?

선우   응. 다들 친절해.

소원, 더 리액션 없이 만두를 먹는다.

선우   룸메이트랑은 편해?

소원   (움찔…) 응. 성격 좋아.

선우   오빠가 언제 밥 한번 살까? 소원이 친군데 오빠가 인사도…

소원   아니.

소원, 숟가락 잠시 멈추고 선우를 본다.

소원   나 잘 지내 오빠. 오빠가 이러면… 나 감시당하는 기분이야.

선우   그랬어? 미안. (웃는다)

소원   (만두 휘젓다가) 아버지는… 알아?

선우   뭘?

소원   우리 이렇게… 만나서 노는 거.

선우   무슨 질문이 그래… 동생이랑 오빠랑 밥 먹고 공연 보고… 자연스러운
       거잖아.

소원   (선우를 가만히 바라보다가) 나 이제… 오빠 동생도 아니잖아.

선우, 숟가락질이 멈춘다. 금방이라도 눈물이 쏟아질 거 같지만 평정심
을 찾는다. 소원이를 인자하게 바라보며 웃는다.

선우	소원아.
소원	….

선우, 지갑에서 작은 사진 한 장을 꺼낸다. 열 살 소원이가 피아노 앞에 앉아 웃는.
소원, 그 사진을 보는데, 뭔가 아프다.

선우	넌 내 동생이야. 꼬마 때부터 지금까지 니 모든 모습이 다 있어 오빠 기억에.
소원	나 때문에… 들어온 거지?
선우	… 미국 병원도 지치고….

시선을 피하는 선우.

소원	엄마가… 살아계셨으면 좋겠어.

선우, 이제 소원이를 본다. 소원이가 눈물이 그렁하다. 가슴이 아프다.

소원	요즘 엄마 꿈을 자주 꿔. (선우를 본다) 오빠는 엄마 안 보고 싶어?
선우	…. 많이 보고 싶어. 오빠도.

선우, 분위기를 바꾸려 한다.

선우	다음엔 영월에 천문대 갈래? 거기 별 엄청 예쁘대.
소원	나 좀 바빠질 거 같아.
선우	피아노 학원에 일이 많아?

소원	콩쿠르 하나 봐주느라….
선우	그래. 그럼 학원 근처에서 맛있는 거 먹지 뭐. 반포라고 했나?
소원	…. 내가 오빠 병원 근처로 갈게.
선우	그래도 좋지.

소원이는 밀어내려 애쓰고, 선우는 붙잡으려 애쓴다.

42.   미조 자동차 안 (밤)

선우와 소원이 이동 중이다.

소원	오빠 나 저기 지하철역 입구에 세워주라.
선우	집 근처에 내려줄게.
소원	약속 있어. 여기서 내릴게.
선우	(아쉽다) 그럴래?

선우, 차를 세운다. 소원이 내리다 말고.

소원	오빠.
선우	(반가워) 어.
소원	늘 고마워.
선우	남매끼리 간지럽게…. (피식)
소원	그렇다고.

웃고 내리는 소원. 선우가 멀어지는 소원이를 오래도록 바라본다.

43.   제이피부과 원장실 (밤)

최백호의 '낭만에 대하여'가 잔잔하게 흘러나온다.
미조는 퍼팅 카펫에서 퍼터 연습을 하고 있다.
신중하게 한 타 한 타 보내는 미조. 제일 평안한 시간인 게 분명하다.

44.   제이피부과 로비 (밤)

보안 장치 해제음. 선우가 들어온다. 쓸쓸한 표정이다.
자기 진료실로 가려는데, 미조가 원장실에서 놀란 얼굴로 나온다.

선우   어… 아직 있었어요?
미조   퍼터 연습 좀 하다가… 맛있게 먹고 왔어요?
선우   네. 맛집 맞더라구요.

미조, 선우의 얼굴이 어두운 게 맘에 걸린다.

미조   와인 마실래요?

45.   제이피부과 탕비실 (밤)

아담한 식탁과 의자 몇 개. 작은 냉장고와 커피, 차 등이 보인다.
와인 한 병. 일회용 포장 커피 스낵 몇 개. 종이컵에 와인을 마시는 미조
와 선우.

미조	우리 언니한테 비밀이에요. 와인도 숨겨둔 거거든요. (피식)
선우	오늘 원장님 덕 많이 보네요. 차도 와인도. 한잔하고 싶었거든요.
미조	얼굴이 그렇드라구요. 동생이랑 싸운 건 아니죠?
선우	차라리 싸우면 좋겠어요. (씁쓸하게 웃는다)

선우, 미조를 본다. 이런저런 걱정이 좀 차분해지는 거 같다.

선우	좋네요.
미조	?
선우	한국 와서 국시 보고… 하는 동안 거의 혼자 지냈거든요.
	이런 표정인 날들 꽤 있었을 텐데. 누군가 알아봐줘서 좋다구요.
미조	별로인 일이 자주 있나 봐요.

선우, 종이컵을 비운다. 미조가 채워준다.

선우	동생이… 집을 나갔어요. 갑자기 한국으로 가버렸어요.
미조	…. 그래서….
선우	네. 그래서 여기로 오고 국시도 보고. 여기 병원도 오고.

서글프게 웃는 선우.

선우	난 동생이 너무 좋은데. 갑자기… 소원이가 달라졌어요.
	아마도… 어머니가 돌아가신 후부터 소원이가 흔들린 거 같기도 하고.
미조	나도 그럴 거 같다. 우리 엄마 없으면… 좀 흔들릴 거 같아요.
선우	그래도 아버님도 계시고, 언니도 있잖아요.
미조	그쵸. 좀 흔들리다 다시 안정을 찾겠죠. 언니도 있고, 아빠도 계시고.

선우   내 동생은. (후…) 다시 안정을 찾지 못하는 거 같아요.

(속상한 고백) 파양을 해달라고…. 그렇게 정리를 하더라구요.

미조, 아…. 너무 속상하다.

미조   … (종이컵을 매만진다) 속상하겠다.

선우   많이 속상해요.

미조   한국에서 풀어야 하는 숙제가 동생이구나.

선우   (쓸쓸하게 웃는다)

미조   그런 게 있어요. 음…. 늘 깔려 있어. 식구들이 참 잘해주고 나도 열심히 살고 있는데. 음… 늘 삶의 저 아래… 불안함이 있어요. 입양이라는 거.

미조의 차분한 고백에 눈빛이 흔들리는 선우.

미조   우리 엄마 아빠 진짜…. 진짜 노벨평화상 받고도 남을 분들이거든요. 우리 언닌 봤으니 알 거고. 난 복 받았지.

사랑 많이 받고 자랐어요. (사이) 근데도 흔들려. 고요하고… 아름다운데. 근데도 흔들려. 뭔지 모르겠는데 불안해. 그런 거… 모르죠?

선우   ….

미조   동생분도 아마 그런 비슷한 마음이 있을지도 몰라요. 그래서 좀… 반항? 하는 걸 수도 있고.

선우   …. (진심 어린) 고마워요.

미조   뭐가요?

선우   하기 힘든 말일 텐데… 꺼내 보여줘서. 고마워요. 아 오늘 엄청 우울했는데 미조 씨 위로가 되게 힘 나게 해주네.

미조   … 사고라고… 표현해서 미안했어요.

선우   !! …. (이내 웃는다)

미조   나의 이런 생각… 술술 이야기하는 거, 나도 낯설어요.

근데 왜… 선우 씨한테는 다 말하고 있을까. (생각) 처음부터 그랬나 봐요. 동생을 거기서 입양했다는 말이… 좀 컸나 봐.

우리 언니처럼 당신도… 좋은 사람 같아서. 그날. 그래서.

포인트는. (웃는다) 사고 아니라구요.

선우   오늘 여러 번 감동 주네. (와인을 마시고) 난 미조 씨 꽃집 앞에 있을 때부터. 작약 들고 서 있을 때부터. 데리고 가고 싶었어요.

미조   뭐야… 전문가야?

선우   희한하죠. 보자마자. (와인 따르고) 나도 놀랐어요. 내가 지금 무슨 말을 한 건가. 뺨 맞게 생겼다. (흐흐 웃고) 엄청 쫄았어.

미조   묘한… 날이었어.

서로 건배를 하는 미조와 선우.
미조의 핸드폰이 울린다. [찬영]

미조   잠시만. (받는다) 어. 응 그냥… 또?

어이없는 미조의 얼굴. 아이고… 웃는 거 같다.

46.   미조 집 안방, 거실 (밤)

/미조, 세수한 얼굴로 화장대의 미용 기구 들고 밖으로 나간다.

/거실. 주희는 소파에 앉아 캔 맥주를 마시고, 찬영은 퍼터를 들고 툭툭 쳐본다.

주희	(찬영에게) 뭔가 어설퍼. 넌 스포츠 쪽은 접어.
찬영	(퍼터 두고 소파로 오며) 저게 뭐가 재밌어.

미조, 소파에 앉아 미용 기구로 얼굴을 마사지한다.
찬영도 맥주 캔을 딴다.

미조	야. 너무하지 않니?
	집 앞에서 기다리는 게 니들인 내 인생은 뭐냐고.
찬영	왜 김선운 줄 알았냐?
주희	어디서 한잔하고 오신 분위기?
미조	병원.
주희	혼술?
찬영	어허… 표정이 혼술 아닌데? 그렇다면…
주희	미현 언니?
미조	누가 언니랑 병원 클로징하고 술 마셔!
주희	혼술 아니라며~!

찬영, 미조의 손에서 미용 기구 뺏어서 곁에 두고 파기 시작한다.

찬영	김선우. 맞지?
미조	아 줘~! 그냥 한잔했어.
찬영	요요, 요것 봐라 요것들… 얌전한 의사들 부뚜막에 어!!
미조	뭔 생각하는 거야?
찬영	그래… 로비 소파가 넉넉하긴 하지.
주희	어머~! 나 상상했어.
미조	정신 나갔니? 탕비실에서 마셨거든!

찬영	야, 한 번이 어렵지 두 번 세 번은 지구 자전처럼 자연스러운 거야!

이때, 미조 핸드폰에 문자 온다. 미조, 일부러 안 본다.
수상한 찬영과 주희가 전투태세를 갖추며 붙어 앉는다.

찬영	까.
미조	왜.
주희	우리가 비밀 있는 사이야?
미조	사생활도 없냐 나?
찬영	어 없어, 까.

핸드폰 쟁취 실랑이. 찬영은 미조 손목을 잡고 주희는 지문 입력으로
패턴 풀고.

찬영	오호 김선우!!!
미조	야~!!
주희	잘 들어갔겠죠? 오늘 차도 와인도 고마워요.

미조, 친구들에게 벗어나며 식식거린다.

찬영	끝이야?
주희	어.
미조	별일 아니라고 했지!!!
찬영	솔직히 말해. 살짝 아쉽지?
미조	아니거든~!
주희	답장 안 해?

찬영이 눈짓 준다. 미조 눈치 채고 야… 아아~!!
주희가 고양이 눈으로 통화 버튼 누른다.

미조   야~!!!

당장 끄는데. 바로 전화 들어온다. 모두 쉿….

미조   (하…) 잘 들어갔죠? 문자 한다는 게 통화 버튼을 … 내일 봬요.

주희 웃음 참다가 방귀를 크게 뿡!!! 정말 컸다.
세 명 모두 아연실색.

47.   선우 집 주방 (밤)

생수 통 들고 얼음….

미조(F)   나 아닌 거 알죠?

선우, 웃음을 꾹 참는다.

선우   요즘 핸드폰 참 잘 만들어요. 그쵸?
미조(F)   나 아니라구요!!

빵 터진 찬영과 주희 소리 넘어온다.

선우	아닌 거 같긴 한데 심증은 좀….
미조(F)	내일 설명할게요. 낼 봐요…. 진짜 나 아니야~!!
선우	시원하게 잘 자요.

시끄러운 소리 들리며 통화 마친다.

| 선우 | 말 놨네 차미조 씨. |

48.   제이피부과 선우 진료실 (낮)

미조가 커피를 들고 들어온다. 선우는 미조를 보니 괜히 웃음이 난다.

미조	(커피 책상에 주며) 그렇게 웃을 거 같아서 설명을 좀 할게요.
선우	나 아니야~! 그거요?
미조	당황해서 말이 짧았네요.
선우	친근하고 좋았어요.
미조	아 그 말이 아니구요, 진짜 나 아니에요.

이때, 미현이 얼굴을 내민다.

미현	여기 계시네 다? 오늘 김 선생님 환영회 할까 하는데, 시간 어때요?
선우	전 무조건 콜입니다.
미현	차 원장은?
미조	선약 있어요.
미현	아. 너님 외 2인 그 노처녀들?

미조	비혼녀야 노처녀 아니고요!
미현	그래요 니들끼리 그렇게 불러요. 그럼 모두 되는 걸로.

선우, 미조와 미현이 너무 귀엽다.

49.   삼겹살집 안 (밤)

다들 화기애애하게 고기도 먹고 술도 마신다.

간호사 2	그럼 차 원장님 송별회는 다시 하는 거죠? 이걸로 끝 아니죠?
미현	차 원장 안식년을 다들 반긴다는 얘기가 있어.
간호사 3	티 나요 실장님?
미현	완전. 김 선생님 오시니까 더 티나.
간호사 1	저희 그렇게 의리 없진 않아요, 실장님.
미현	그러세용?
미조	난 커피 잘 안 내주던데 김 선생님은 매일 잘 챙겨주더라. 서운해요?
간호사 4	티 난다고 작작하라고 했지.

모두 빵 터져서 깔깔 웃는다. 선우는 별말은 없지만 기분이 좋다.
자꾸 혼자 자작하며 술이 취해 간다.

50.   유흥가 거리 (밤)

미현과 간호사 1 택시를 탄다. 나머지 간호사들은 지하철역으로 향하며.

간호사 2	들어가세요!
미조	그래요 내일 봐요!
미현	김 선생님 담엔 2차까지 갑시다!
선우	아유 좋죠!!

모두 가고 선우와 미조가 남았다.

| 미조 | 김 선생님은 뭐 타고…. |

보면 선우가 어딘가를 뚫어져라 보고 있다. 시선 따라가면 꽃집이다.
자연스럽게 미조 손을 잡고 가는 선우. 미조 뭐야….

51.   꽃집 안 (밤)

문 닫으려는 중이다. 여주인이 술이 좀 된 미조와 선우를 난감하게 본다.

선우	왜 작약은 없을까요….
여주인	잘 안 찾으셔서…. 작약 좋아하세요?
미조	아 나…. 가요 빨리. 퇴근하시는데 작약을….
선우	이 사람이 작약 좋아해서.

미조, 선우 팔을 잡고 끌고 나간다.

52.   꽃집 밖 (밤)

불 꺼진 꽃집. 그 앞에 나란히 서 있는 미조와 선우.

선우   아쉽네.
미조   이 타이밍에 작약 찾으면 불순해 보이는 거 알죠.
선우   이상한 해석입니다. 난 순수한데.
미조   그래, 순수하게 집에나 가자구요.

미조, 걸음을 나서려는데.

선우   꼭… 가야 되는 거죠? 미국.
미조   …네.
선우   그… 골프를. 여기서 치는 건 어때요? 병원은 이틀만 진료하고.
         주 3회… 주말까지 다섯 번은 칠 수 있겠다.
         주말엔 내가 같이 쳐줄게요. 나 골프 좀 치거든요.
미조   여기도 칠 사람은 많아요.
선우   아 그 친구분들?
미조   걔네들은 골프 안 치고.
선우   골프를 유학까지… 선수 될 건가?
미조   …. 왜 살짝 찡찡 느낌이지?

선우, 섭섭하고 슬픈 강아지 눈이 된다.

선우   아 진짜. 말 진짜 못 알아들어. 머리 나쁜가?
미조   (이런…) 왜 화를 내? 머리 안 나쁘거든!

선우	나빠, 머리. 의대 어떻게 갔어요?
미조	어머? 미쳤나 봐.
선우	인생이 너무 고요하고 적막했는데! 니가 딱 나타나서 팍 꽂혔다는 말이 잖아요 지금!
미조	(어이없네) 그게 소리 지를 일이에요? 조곤조곤 말해도 모자랄 판에?
선우	조곤조곤할 컨디션이냐고! 10년 만에 꽂혔는데 미국으로 튄다잖아요!
미조	튀… 튄다고?
선우	아 몰라.

둘 다 이상하게 꼬인 대화에 잠시 적막.

선우	(상당히 차분하고 진지) 나 고백한 거예요 지금.
미조	혈압 올려놓고 고백이래. 어이없어서 정말….
선우	좋아해도 되죠?
미조	타이밍 대박이다.
선우	오긴 올 거잖아요. 딱 1년 있다가.
미조	둘 다 너무 마셨어.
선우	그래요. 갑시다. 푹 자고 술 깨서. 다시 고백할게. 택시~!!!

미조, 어이없다. 선우, 택시 계속 잡는데. 오지게 안 잡힌다.

53.　　미조 집 거실 (밤)

열받는 미조. 핸드백을 소파에 툭.

미조   돌았나 봐 진짜. 고백을 뭐 그따위로 해?

54.   선우 집 거실 (밤)

소파에 널브러진 선우.

선우   어디서부터 꼬인 거냐 이 고백은… 에이….

눈이 가물가물….

55.   제이피부과 원장실 (아침)

미조 책상에 작약이 풍성하게 꽂혀 있다.
미조, 팔짱을 끼고 앉아 작약을 빤히 본다. 선우가 슬쩍 들어온다.

선우   그게. 내가 오늘 새벽부터 양재동 꽃 시장을 다녀왔어요.
미조   사과를 성의 있게 하셔서 당황스러워요.
선우   사과할 거면 사과 하나 던져 놨겠죠.
       어제 못다 한 고백입니다.

선우가 나간다. 볼이 자꾸 상기되는 미조.

미조   맥락이 없어 맥락이….

정신 차리고 진료 준비를 위해 모니터를 보며 타이핑을 하는데. 전화가
온다.

미조   어 선배. 진료 이제 시작하려고. 아 그래?
       결과 빨리 나왔네. 어. 어. 어? (점점 굳는) 무슨… 말이야.
       어. 어….

       너무 놀라는 얼굴의 미조.

56.   제이피부과 로비 (아침)

대기 환자가 서넛 앉아 있다.
사색이 된 미조가 가운 차림으로 차 키와 핸드폰만 들고 나선다.

간호사1 원장님!
미조   (정신이 나가서 횡설수설) 진료 정리해줘요. 전화 다 드리고.
       오신 분 관리 서비스… 알아서 좀…

       달려 나가는 미조. 이상해하는 간호사들. 선우 레이저실로 이동하다가
       이 모습을 본다. 무슨 일이지….

57.   대학병원 복도 (낮)

가운 그대로 입고 빠르게 걷는 미조.

사람들과 어깨가 부딪히고 정신 나갔다.

58.   대학병원 진료실 안 (낮)

선배 의사에게 설명을 들으며 CT 결과 보는 미조.

선배   초음파 검사하면서 사이즈나 모양이 불안했나 봐.
       CT도 찍고 갔다는데… 친구가 말 안 해?
미조   …. 못 들었어.
선배   검사를 해봐야겠지만 4기 정도 된 거 같아.
미조   CT로 어떻게 알아.
선배   내가 본 환자 케이스랑 너무 비슷해. 데리고 와.
       PET 촬영해서 원격 전이도 봐야 될 거 같아.
미조   (눈이 벌게진다) 이거 맞아? 바뀐 거 아니야?
선배   미조야….
미조   (휘청) 뭐 했어 이 지경까지 미친년 진짜…. 이 미친 씨….

       털썩 주저앉는 미조. 선배 잡아준다. 힘이 다 빠지는 미조.

59.   제이피부과 선우 진료실 (낮)

       걱정이 되는 선우. 미조에게 전화를 걸어본다. 받지 않는다.
       미현이 차트 들고 들어온다.

선우	저기… 차 원장님은….
미현	글쎄요. 이런 적이 없는데… 전화도 안 받고.

두 사람 다 걱정이다.

60.   자동차 안 (밤)

병원 주차장에서 밤이 되도록 차에 앉아 있는 미조. 여전히 가운 차림이다.
핸드폰에 찬영 번호 누를까 말까.
주희 번호 누를까 말까….

61.   제이피부과 원장실 앞 (밤)

선우가 문 앞에 서서 원장실 안을 본다. 작약이 풍성하다.
걱정이 되어 퇴근도 못 하고 자리를 지키고 있는 선우.
이때 전화가 온다. [김진석 형]

진석(F)	출발했어?
선우	아….
진석(F)	까먹었어?
선우	미안 형. 지금 갈게. 금방 넘어가.
진석(F)	회사로 와 그럼. 근처 어디서 한잔하자.

걱정되는 마음으로 원장실을 바라보는 선우.

62.　　미조 자동차 안 (밤)

미조, 핸들에 머리를 기댄다. 눈물이 툭… 툭….
갑자기 화가 치미는 얼굴로 고개를 든다. 시동을 켠다.

63.　　챔프엔터 대표실 (밤)

선우와 진석이 소파에 마주 앉아 있다.

진석　　미조가 잘해주냐?
선우　　응. 친절해.
진석　　(갸웃) 미조가 친절한 게 아니라 니가 착한 거 아니고?

선우와 진석 웃는다.
이때 문이 박차고 열리며 미조가 가운을 입은 채 실성한 여자처럼 들이
닥친다.
놀라서 일어나는 진석. 선우는 당황.
미조, 선우가 눈에 안 들어온다.

진석　　무슨 일이야, 왜 그래 미조…

하는데. 미조, 진석의 옷을 잡고 마구 흔든다.
눈물범벅이 되어 진석을 마구 흔들며 진석의 가슴을 두 손으로 쾅쾅
친다.

미조   죽일 거야… 너 내가… 죽일 거야 김진석… 이 나쁜 새끼야!!
      내가 너 죽일 거야~!!!

      /인서트
      영정 사진이 점점 카메라에 담기면…
      웃고 있는 반듯한 찬영의 얼굴….

      /인서트
      두 손으로 얼굴을 가리고 펑펑 울고 있는 주희.

      /인서트
      이를 꽉 깨물고 눈물을 하염없이 흘리고 있는 미조.

      /진석 사무실. 미조 통곡하며 진석의 옷을 잡고 스르륵 다리에 힘이 풀
      려 주저앉는다.

미조(N) 왜 그때.
       찬영이가 아닌 김진석에게 달려갔는지 모르겠다.

       미조에게 옷이 잡혀 어쩔 줄 모르는 진석.

미조   너 때문이고… 나 때문이야…. 우리 때문이야….

       펑펑 우는 미조.
       선우, 그런 미조를 보는데 이유는 모르지만 가슴이 찢어지는 거 같다.
       바닥에 앉아 고개를 숙이고 눈물을 툭툭 흘리는 미조.

선우, 미조 곁에 무릎을 꿇고 앉아 미조의 손에 자신의 손을 얹는다.
미조, 선우를 본다. 매우 슬픈 미조의 눈.

선우   왜… 왜 울어요.

미조(N)   그리고 그날. 막막했던 그날.
         그 사람의 손이… 따뜻했다.

         아프게 바라보는 선우.
         서럽게 우는 미조.

         엔딩.

제3화

한 번도 생각해 본 적 없는.
단 한 번도.

1. 프롤로그

홈쇼핑 유럽 여행 상품 보는 세 사람. 아이스크림 퍼 먹으며 보고 있다.

찬영	야 우리 저거 신청하자!
주희	유럽인데?
찬영	우리 셋도 좀 동남아권 벗어나보자. 나 유럽 안 가봤단 말이야~!
주희	대만 가자, 대만. 대만 좋다드라. 유럽은 휴가 길게 빼야 되잖아.
	나 못 빼.
미조	그래. 대만 가자. 대만 가서 골프도 치고. 딤섬 먹고!
찬영	골프는 니만 치잖아~!
미조	좀 배우라고~ 내가 채 줄게. 나 채 바꿀 거야.
주희	갑자기 무슨 골프야….
미조	때려치워, 때려치워! 1도 안 맞아.
찬영	이기적인 년. 야, 유럽 가자 우리도~!

채널을 돌리는 미조.
상조 상품 파는 홈쇼핑. 미조, 채널을 돌리려는데.

주희	뒤봐 뒤봐!
미조	상조도 홈쇼핑이냐… 대단하다 우리나라.

찬영	저거 뭐. 왜.
미조	…. 너 엄마 생각해?
주희	아니… 자식도 나 하나밖에 없고. 보니까 다들 상조는 하나씩 해두더라고.
찬영	무슨 걱정이야 딸이 셋인데. (미조부터 가리키며) 원, 투, 스리. 스리 도터.

채널을 돌리는 미조. 예능이 나온다.

찬영	야, 우리끼리 이러고 놀다가 늙어서 죽으면 말이야. 그땐 엄마 아빠도 없고 형제들도 장담 못 하고. 우린 장례 누가 치러주냐?
주희	난 결혼할 거거든. 니들끼리 걱정해.
찬영	하고 말해.

미조 갑자기 가위바위보 준비 자세.

찬영	뭐, 족발 내기?
미조	안 내면 진 거 가위바위보!

얼결에 찰떡같이 다들 낸다. 보! 보! 가위! 미조가 이겼다.
나머지 찬영과 주희, 가위바위보! 보! 가위! 주희가 이겼다.

주희	아싸~! 난 보쌈! 반반 시켜.
찬영	소주 있어?
미조	뭐하냐.

주희	가위바위보 했잖아.
미조	오래 살기 내기 한 건데.
찬영	뭐?
미조	정찬영이 나랑 주희 장례 다 치러주고, 넌 알아서 가.
주희	나는 있지 어? 미조 뇌를 좀 구경하고 싶어. 갑자기 뭐 한 거야.
찬영	아유 졸라 고맙다 장수하게 생겼네.

셋이서 웃겨서는 깔깔 웃는다. 찬영이 과자를 미조에게 던진다.

찬영	이거나 먹어.

미조 머리에 맞는다.

미조	과자 가루… 비듬 같잖아~!!
찬영	비듬 맞잖아. 씻어 쫌.

미조, 에이… 주희의 얼굴 위에 머리를 막 턴다. 주희 야~!! 유쾌하다.

부제 '한 번도 생각해본 적 없는. 단 한 번도.'

2.   챔프엔터 앞 복도 (밤)

넋이 나가서 나오는 미조. 여전히 가운을 입은 채다.
선우가 달려 나온다. 미조의 팔을 잡아 세운다.

선우   차 가지고 왔죠?

미조   (대답 대신 손을 내친다)

선우   (다시 잡는다) 키 줘요.

미조   놔요.

선우   미조 씨 지금 정신없어. 오늘 종일 그 가운 입고 다닌 건 알아요?

미조, 그제야 복장을 본다. 후…

선우   안 물어볼게요. 아무것도. 운전만 해줄게.

미조, 정신이 없긴 하다.

선우   키.

미조, 키를 찾는다. 어느 주머니에 있는지 모르겠다. 주섬주섬 찾는다.

선우   이러면서 운전을….

미조, 가운 주머니에서 키를 꺼낸다.

3.   챔프엔터 대표실 (밤)

진석, 멍하다. 차분하게 생각을 한다.

FB *(2화 S#63)/*

미조 *죽일 거야… 너 내가… 죽일 거야 김진석… 이 나쁜 새끼야!!*
내가 너 죽일 거야~!!!

진석, 도무지 무슨 일인지 모르겠다. 걱정이 되어 핸드폰 열어 찬영의
번호를 누른다. 전화를 받을 수 없다는 멘트.

4.   미조 자동차 안 (밤)

아무런 말도 걸지 않고 운전만 해주는 선우.
미조도 아무 말 못 하다가.

미조   여기서 세워주세요. 이제 내가 운전할게요.
선우   목적지 알려줘요. 대리 기사 불렀다고 생각해요.
        이렇게 보내면 택시 타고 쫓아갈 거야.
미조   친구한테 가려구요.
선우   (네비를 터치하며) 주소 줘요.

미조의 손가락이 여전히 떨린다. 그 손가락으로 등록지를 누른다.
[찬영 레슨실] 누른다. 선우, 출발한다.

5.   연기 레슨실 건물 앞 (밤)

미조의 자동차가 선다. 미조가 내리고 선우가 내린다. 미조, 가운을 벗
었다.

선우, 차 키를 준다.

선우   이따가 갈 때 말이에요. 대리 기사 불러요.
         아니면…
미조   고마워요. 가세요.

미조, 멍한 얼굴로 키를 받아서 건물로 들어간다.
선우, 미조가 사라질 때까지 바라본다. 걱정이 된다.
방법이 없어 돌아서 몇 걸음 가다가 이내 돌아본다.

6.   연기 레슨실 안 (밤)

찬영이 진석 아내 선주를 만나고 있다.
선주는 단단히 화가 난 얼굴이다. 찬영의 핸드폰이 울린다.
또 진석. 거절을 누른다. 신경 쓰이는 선주.

선주   우리 그이 맞죠?
찬영   (대답하지 않는다) 무슨 일로 오셨어요?
선주   …. 그이 곁에서 떨어져요.

찬영, 올 것이 왔구나… 그저 고개를 숙이고 있다.
선주, 더 기세가 오른다.

선주   무슨 말 하는 건지, 본인이 더 잘 알죠?
찬영   생각하시는 그런… 그런 사이 아니에요.

찬영, 어쨌든 옳은 감정이 아니기에 차분하고 고분고분하게 응대한다.

선주   당연히 그래야죠. 정찬영 씨. 당신이 내 남편 근처 맴도는 거.
          이젠 좀 거슬리네.

찬영, 그럴 만한 입장이라 생각한다. 무례함에 별 대응하지 않는다.

선주   챔프엔터 배우들 레슨 아니면. 이 레슨실 운영 어려워요?
          그래서 계속… 옆에 있는 건가 해서요.

찬영, 참 슬픈 눈으로, 답답한 눈으로 선주를 본다.

7.   연기 레슨실 밖 (밤)

미조가 문을 잡고 조금 열린 사이로 이 대화를 듣고 있다.

찬영(E)   그런 거 아닙니다.
선주(E)   더 이상하네. 그런 이유도 아니면서 왜 이렇게 미련을 두고 살아요?
          우리 그이가 뭐, 약속한 거 있어요?
찬영(E)   무슨… 뜻인지….
선주(E)   이를테면 뭐… 재산 좀 떼 준다고 하던가요?

손잡이를 잡은 미조의 손에 힘이 들어간다. 화가 나는 걸 꾹 참고 있는
미조.

8.　　연기 레슨실 안 (밤)

참담한 표정의 찬영. 그저 꼭 쥐고 있는 자신의 두 손만 만지작.

찬영　　(선주 보며) 그런 거 없어요. 진석이 오빠…

선주　　그렇게 부르지 말아요. 기분 별로니까.

찬영　　…. 김진석 대표님. 아내분께 부끄러운 일 한 적 없어요.
　　　　그러니까 맘 놓으시고… 돌아가세요.

선주　　누가 내 남편 상태 설명하라 그랬어요? 당신. 정찬영 당신이 뭐냐구요.
　　　　(짜증이 난다) 이러는 이유가 뭐예요? 돈 아니라면서요. 당신이 그이
　　　　옆에서 서른이 되고 마흔이 되는 거. 대체 뭐 때문에 당신 둘은.
　　　　이렇게 붙어 지내면서 당당하게 내 숨통을 조이냐고.

찬영　　…. 그만하시죠.

선주　　왜 자꾸 도망치? 내 질문 어려워요? 당신이 우리 그이를 생각하는 마
　　　　음이 뭐냐니까요! 아무것도 아니면 캐주얼한 거면!
　　　　왜 말을 못 해? 왜 이렇게 빙빙 돌리지??
　　　　(버럭) 몰라서 조용히 있는 거 같아요 내가!!

찬영　　이렇게 화를 낼… 그런 사이 아니에요.

선주　　구질구질하잖아요!

찬영, 참고 참는다.

9.　　연기 레슨실 밖 (밤)

미조, 손이 부들부들…. 박차고 들어가려 하다가, 후…. 참는데…

선주(E) 대체 왜 이렇게 구질구질 살아요??!!
        남자가 필요하면 싱글을 찾아야지, 가정이 있는 사람은 아니지 않나?

        미조, 더는 못 참고 문을 확 열고 들어간다.

10. 연기 레슨실 안 (밤)

        찬영, 더 말 섞고 싶지 않아 시선을 돌리는데.

미조(E) 야!!!

        보면 미조가 눈이 뒤집혀 득달같이 다가선다.

찬영 미조야!
미조 뭐? 구질구질! 남자가 필요하면 뭐!!!
선주 미조 씨. (어이없어) 야… 라고 했어요, 방금?
미조 함부로 떠들기 시작한 건 당신 아닌가?
선주 미조 씨가 나설 일 아닌 거 같은데.
미조 당신이 이럴 일도 아니야. 당신 뭔데… 뭔데 이 사람한테 막말이냐고!
찬영 가세요 이제.
미조 사과해요. 당신 사과해!
찬영 미조야 그만해!
선주 나이 먹을 만큼 먹었잖아요, 피차. 남은 인생은. 기본은 하고 살자는 말
      이에요.

예민한 표현이다. 적어도 지금의 미조에겐. 미조, 눈이 돈다.

미조   입… 다물어….

선주   남의 남편 옆에 붙어서 평생을!! 이딴 식으로 살 거예요?
나중에 죽을 때 안 쪽팔리겠어요!!

미조, 급기야 따귀를 날린다. 정말 세게 때렸다.
찬영은 너무나 놀라고, 미조는 폭발했다.

선주   당신. 이거. 책임져야 될 거야.

선주, 핸드폰을 열어 112를 눌러 신고를 한다.

선주   제가 폭행을 당했어요. 지금 와주세요.

찬영   이봐요!!

선주   위치 추적되죠?

미조, 선주 가까이 다가선다.

미조   폭행. 폭행이 뭔지 모르는구나.

미조, 선주의 머리채를 잡고 밀어버린다.

찬영   미조야 너 왜 이래~!!!

선주   미친 것들아~!!!

미조   입 닥치라고 했지!!!

찬영이 뜯어말린다고 난리다.

11.   연기 레슨실 건물 앞 (밤)

경찰차에 타는 미조와 찬영. 선우가 기다리다가 보고는 기겁한다.

선우   (너무 놀라) 무슨 일이 있는 거야 당신….

경찰차가 출발한다. 선우, 얼른 택시를 잡아탄다.

12.   경찰서 안 (밤)

조사받는 미조. 선주와 나란히 앉아 있다. 찬영도 그 곁에 앉아 있다.
경찰은 덤덤하게 조사 중이다.

경찰   먼저 따귀를 맞으셨고. 신고를 하자… 머리채를 잡으셨고.
            (미조에게) 맞습니까 차미조 씨?
미조   네.
찬영   저… 오해가 좀… 서로 의사소통이 안 된 상태라.
선주   가도 되나요?
경찰   (미조에게) 폭행을 행사하신 건 맞잖아요?
미조   맞을 짓 하면. 맞아야 되는 거 아닌가요?
찬영   야, 좀….
선주   (일어나며) 진단서는 변호사 통해서 보낼 거구요. 합의는 없습니다.

차갑게 일어나 가버리는 선주. 찬영, 망했다는 얼굴이다.
미조는 하나도 흔들리지 않는다.
찬영, 조용히 일어나 일각으로 이동하며 전화를 건다.
보면, '진석 오빠'로 신호가 가고 있다.

13.   경찰서 복도 (밤)

진석이 혼비백산 달려온다. 복도에 기대서 있던 선우가 아는 척한다.

선우   형.

진석   어떻게 된 거니 이게….

선우   나도 잘 모르겠어요. 미조 씨 너무 흥분한 거 같아서 운전만 해줬는데.
        찬영 씨 레슨실로 간다고…. 영 그래서 기다렸는데 갑자기 경찰이 와서.

진석   그래. 일단 난 좀 들어가봐야겠다.

선우   미조 씨. 나 여기 있는 거 몰라요. 괜히 좀 그럴 거 같아서요.

진석, 선우를 토닥이고 경찰서 안으로 들어간다.
선우, 가지 못하고 서성인다.

14.   경찰서 안 (밤)

미조는 여전히 앉아서 대기 중이다. 진석이 들어서자, 찬영이 일어난다.
미조, 진석을 보자 인상을 쓴다.

미조	(찬영에게) 야.
찬영	뭐 이 기집애야.

진석, 다가와 찬영을 본다.

진석	이 사람은.
찬영	병원 갔어. 진단서 끊을 거래.
진석	기다려. 정리할게.

미조에게 다가가는 진석.

진석	무슨 일이야. 오늘 왜 그래 미조야.
미조	꺼져.

미조는 다른 사람 같다. 두려움도 없어 보인다.

15.   경찰서 앞 (밤)

미조와 찬영이 나온다. 진석이 따라 나온다.
미조, 거칠게 걸어가 택시를 잡는다.
진석과 찬영이 답답하게 서 있다. 선우가 이제야 다가온다.

찬영	(놀란다) 김 선생님?
선우	안녕하세… 상황이 안녕은 아닌 거 같죠.
찬영	여긴 어떻게….

선우	어떻게 그렇게 됐어요.
진석	미조 상태 이상해서 지켜봤나 봐.
찬영	못 볼 꼴 다 보였네 이 여자. 오해 말아요.
	미조, 오늘 본 그런 사람 아니니까.
선우	알아요.
찬영	오빠 빨리 가. 정리해 빨리. 와이프 장난 아니야 지금.
진석	넌.
찬영	아 쫌!!! (버럭 하고는 이내 선우 의식하며) 급한 거부터 하자 우리.

진석, 찬영을 두고 가기 뭐하지만 선우가 있어서 정리한다.

| 진석 | 전화할게. (가다가) 받아 쫌!! |

찬영, 물끄러미 진석이 주차장으로 가는 것을 본다.
선우와 찬영이 버름하다.

찬영	술 잘해요?
선우	그럭저럭 합니다.

두 사람 터덜터덜 경찰서를 나선다.

16. 진석 집 안방 (밤)

선주가 씻고 자려는 참이다. 진석이 들어온다.

진석	진단서는.
선주	빠르네. 정찬영이 알려줬나 봐요?
진석	고소 취하해.
선주	내일 선배 병원 가기로 했어요. 진단서 잘 받아야 차미존가 뭔가 정신 차리게 하지.
진석	무슨 짓을 한 거야. 왜 미조가 손을 들어.
선주	맞을 짓 한 거란 말로 들리는데, 그래요?
진석	무슨 짓 했냐고.
선주	그러게 왜 이혼 얘길 꺼내. 잘 살고 있다가 갑자기 왜.
진석	당신. 우리가 잘 살고 있다고 생각하는 거. 그게 이혼 사유야. 정찬영이 이혼 사유가 아니고. 알아들어!
선주	당신 이러면 나 정말 고소 취하 안 해.
진석	난. 난 아무것도 몰라서 당신이랑 이렇게 버티는 거 같아?

흔들리는 선주. 뭔가 두렵다.

선주	무슨… 말이에요?
진석	무서워? 내가 뭘 알고 있을까 두려워?
선주	말장난하지 말아요!
진석	말장난이었으면 좋겠다. 경고야. 정리해.

차갑게 나가는 진석. 화도 나고 두렵기도 해서 어쩔 줄 몰라 하는 선주.

17.   미조 집 거실 (밤)

맥없이 들어와 소파에 그대로 엎드린다. 불을 켜지도 않는다.

FB (3화 프롤로그)/
미조 *오래 살기 내기 한 건데.*
찬영 *뭐?*
미조 *정찬영이 나랑 주희 장례 다 치러주고, 넌 알아서 가.*
주희 *나는 있지 어? 미조 뇌를 좀 구경하고 싶어. 갑자기 뭐 한 거야.*
찬영 *아유 졸라 고맙다 장수하게 생겼네.*

/미조, 씁쓸하다.

미조   가위바위보는 진 주제에. 멍청이….

핸드폰으로 췌장암을 검색해본다. 답답하다.

18.   이자카야 안 (밤)

선우와 찬영이 술 한잔하고 있다.

찬영   저기… 혹시 병원에 무슨 일 있어요?
        하긴 병원에 일이 있어도 저러진 않는데….
선우   제가 온 거 말고는 별일 없는 거 같은데.
찬영   다시 한번 말하지만… 원래 저런 친구 아닌 거 알죠?

상황이 좀 그렇긴 한데… 아휴….

선우   오해 없어요. 걱정하지 마세요.

찬영   내가 못나서 그래요. 내가….

두 사람 각자 알아서 술을 따라 마신다.

선우   무슨 일인진 모르지만… 미조 씨가 걱정이에요.
       차 실장님도 모르는 거 같던데.

찬영   내가 차분하게 물어볼게요.

선우   저기… 공유 좀 해주면….

찬영   그런 사이… 된 거예요?

선우   아니 뭐….

찬영   (씩 웃더니) 치명적으로 어떻게 안 될까요?

선우   네?

찬영   선우, 김선우 씨 맞죠?

선우   네.

찬영   선우 씨가 치명적으로 뭐 좀 어떻게 해서 미조 발 좀 묶어놓자구요.
       골프 유학은 무슨….

선우   (웃는다) 최선을 다해보고 싶습니다, 저도.

찬영   아, 저는 찬영이에요. 정찬영.

선우, 시원시원한 찬영이에게 친근감을 느끼며 밝게 웃는다.
찬영, 선우란 사람이 좋다….

19. 선우 집 거실 (밤)

핸드폰을 들고 전전긍긍. 오늘은 그냥 둔다.

20. 제이피부과 복도, 레이저실 (낮)

레이저실. 미조, 무표정하게 진료 중이다.

미조   수고하셨습니다.
남환자   감사합니다.

미조 일어나 나간다. 복도에서 제2치료실로 가는데, 간호사 1 미조를
잡는다.

간호사1 선생님 3 치료실이요.
미조   아….

미조, 다시 돌아서 3 치료실로 들어가려는데, 차 실장이 다가와 미조를
꼭 안는다.

미현   우리 막내 왜 그래?
미조   …. 나 오늘 이상하지 언니…?
미현   무슨 일 있어? (허그 풀어 미조를 본다)
미조   …나 힘들어. (고개를 숙인다)
미현   오늘 같이 저녁 먹을까?

미조   (고개 젓는다) 나, 가볼 데 있어.

다시 3 치료실 가는 미조. 차 실장, 미조가 이상하다 싶다.
선우가 이동 중에 이 모습을 다 보았다. 걱정이다.

21.   제이피부과 원장실 (낮)

미조, 컴퓨터로 췌장암 4기를 검색하며 심각하다.
노크 소리. 선우가 음식 포장을 들고 웃는다.

(점프)
떡볶이 매운맛 포장. 우유도 1000미리짜리가 보인다.

선우   좋아한다면서요. 매운 거. 정보 좀 캤지.
미조   이거 매운맛 엄청난데?
선우   그래서… 중간 매운맛으로 샀죠. (싱긋)
미조   매운 거 잘 먹어요?
선우   남들 먹는 만큼?

선우, 자신 있게 하나 먹는다. 오물오물… 아 맵다. 조용히 우유를 연다.
미조도 먹는다. 맵다. 젓가락을 그만 놓고 싶은데 선우를 보니 야박한
거 같다.
근데 선우, 하나 먹고 우유 한 모금. 아예 우유를 품에 안고 먹고 있다.
미조, 품… 웃는다. 처음 웃는다.
선우, 미조가 웃으니 좋아서 씩 웃는다.

미조	고춧가루 살벌하게 꼈다.
선우	다 보여줬다. 이 정도 보여줬으면 엄청 친한 사인 거예요.

선우, 전투적으로 먹는다.

미조	그만 먹어요. 웃겨요.
선우	내 위를 희생시켜 우리 원장님 멘탈이 안정된다면.

우유를 벌컥벌컥 마시는 선우. 우유가 흐른다. 티슈를 뽑아 주는 미조.

선우	내 멘탈이 털리긴 하네. 아 매워⋯.
미조	⋯어제 놀랐죠?
선우	네. 무슨 일이에요.
미조	⋯.
선우	그런 생각 했어요. 우리 나이에 무슨 일이면 저렇게 슬플까⋯.
	진석이 형이 뭔가 크게 잘못한 모양이네.
미조	⋯내가 잘못한 거지 뭐.
선우	얼핏⋯ 찬영이 못 지키면⋯ 하던데.
미조	⋯.
선우	그만 물어볼게요. 아, 동생 선물을 하나 하고 싶은데 뭘 해야 될지 모르겠어요.
미조	몇 살이랬지?
선우	스물아홉. 미조 쌤 그때 뭐 좋아했어요?

미조, 선우 우유를 잔에 따른다. 한 모금 마신다. 생각⋯.

미조	친구.
선우	더 어렵네….

미조, 갑자기 눈물이 고인다.
선우, 당황한다. 우유를 더 따라준다.

미조	아 너무 매워, 이거.

선우, 미조가 안쓰럽다.

22.   고속버스 안 (낮)

찬영, 눈을 감고 이동 중이다. 영 잠은 오지 않는다. 안 되겠는지 이어폰
을 끼고 음악을 듣는다. 곧 음악이 끊기고 전화가 온다. 미조다.

찬영	응.
미조(F)	어디야?
찬영	나 양평 가는 중. 왜…
미조(F)	갑자기 왜???
찬영	엄마가 오래. 엄마 쌓아둔 잔소리 들어드려야 몇 달 또 편하지.

23.   제이피부과 탕비실 (낮)

미조, 통화 중이다.

미조   언제 와?

찬영(F)   내일. 왜?

미조   그냥… 저녁 먹을 사람이 없어서. 내일 오면… 전화해. 응….

미조, 후… 깊은 한숨….

24.   정가네일품밥상 전경 (낮)

찬영이 택시에서 내린다. [정가네일품밥상] 큰 식당이다.
주차장도 넓고 식당 건물도 꽤 크다. 산채비빔밥과 돌솥비빔밥 정도를
파는 식당.
찬영, 안으로 들어간다.

25.   정가네일품밥상 안 (낮)

한 상 가득 차려진 산채 돌솥 밥상. 찬영, 억지로 먹고는 있는데 영 입맛
이 없다.
찬영 모, 앞에 앉아 일장 연설 중이다.

찬영 모   이제 낼모레 진짜 마흔이야 너. 어쩌려고 그래?

찬영   잘 살잖아….

찬영 모   짝도 없이 이러고 사는 게 잘 사는 거야!

찬영 부, 오가피주 들고 자리로 와 앉는다.

찬영 부	애 밥 배부르기 전에 잔소리에 배부르겠어. 한잔하자?
찬영	좋지!!
찬영 모	으유… 아빠나 딸이나.
찬영	내가. 결혼 말고는 효도 다~ 할게! 엄마 아빠 할머니 할아버지 되면 내가 업고 병원 다니고 다 할게!
찬영 모	실버타운 들어갈 거야!
찬영 부	(잔 채워주며) 난 찬영이한테 업혀서 마실 다닐 거야.
찬영	콜~!!

찬영과 찬영 부 한 잔 홀짝 마신다. 찬영, ㅎㅎ… 웃는다.

26.   모멘트 매장 (밤)

주희가 일하는 중이다. 데스크에 앉아 한창 정산 중이다.
시선이 느껴져 돌아보면, 미조가 갸웃 서서 웃고 있다.
주희도 웃는다.

27.   커피숍 (밤)

미조가 창밖을 멍하게 바라보고 있다.
주희가 커피 두 잔과 반미를 들고 와 자리에 앉는다.

주희	저녁 먹었어?
미조	어. 넌?

주희	난 오늘 너무 바빴어. (포크 주며) 그래도 먹어봐. 이거 맛있어.

미조, 포크를 받아 든다. 주희 맛있게 반미를 먹고. 미조도 한 입 먹는다.

주희	갑자기 웬일이야?
미조	그냥. 너 보고 싶어서.

미조, 반미를 씹으며 주희를 보면서 웃는다.
주희, 웃기네… 빤히 보며 먹는다.

미조	근처에 일이 있었어.

주희, 열심히 먹으면서 미조의 안색을 살피다가.

주희	찬영이랑 싸웠지 너.
미조	찬영이가 뭐라고 해?
주희	아니. 표정이 딱이잖아.
미조	싸움은 진석이 형 와이프랑 했어.
주희	뭐?
미조	내가 머리채 잡았어 그 여자.

주희, 너무 놀라서 본다.

주희	니가? 찬영이가 아니고 차미조 니가?
미조	어. 열받아서.
주희	너 갑자기… 너 그런 거 안 하… 아니 왜???

미조 말을 거지 같이 하잖아.

주희 어디서, 아니 누구랑. 너랑 찬영이랑 그 여자랑 만났어?

미조 찬영이 레슨실 갔는데 그 여자가 와 있더라고.
본의 아니게 들었어. 그 미친 여자가 개같은 소릴 하잖아.
찬영이 멍청이가 그걸 또 듣고 있더라고.
우리한테만 세지 멍청이.

주희 오늘 차미조 단어 세다? 아니… 뭐랬길래 머리채를 잡아.

미조 따귀도 날렸어. 손가락 자국 남더라?

주희 미쳤네. 차미조 미쳤어~! 그 여자 가만있어?

미조 경찰에 신고해서 조사받았어.

주희 언제, 대체 언제 그 사단이 난 거야?

미조 어제. 어젯밤에.

주희 너 그럼 잡혀가?

미조 김진석이 말렸나 봐. 정리되더라.

주희, 뭔일이야… 미조를 본다.

주희 (반미를 삼키고) 그 여자가 뭐라는데 열이 그렇게 터져.

미조 살면 얼마나 산다고 구질구질 어쩌구 저쩌구.

주희 ……. 그 여자 입장에선 구질구질해 보이나? 그래도 말이 좀 그렇다 어?
(다시 반미 집어 먹으며) 근데… 따귀 맞고 머리채 잡힐 말인지는 좀….

미조 (반미 집다가 내려놓고) 살면 얼마나 산다고. 그 말이 할 말이냐.

주희 …. 구질구질이 아니라 그 말에 터진 거야? 구질구질이 더 꽂히는 거
아냐?

미조 사람 내일을 어떻게 장담해. 아 몰라….

미조, 반미를 마구 입에 집어넣는다.

주희   저녁 먹었다며!!

28.   백화점 앞 (밤)

미조와 주희가 걸어간다. 미조가 잠시 선다.

미조   쉬었다 가자. 다리 힘 풀려.
주희   그래서 뭔 골프야.

미조와 주희 백화점 벤치에 나란히 앉는다.
미조, 주희에게 말을 해야 한다….

미조   주희야….

이때, 주희 엄마에게 전화 온다.

주희   잠깐만. (전화받고) 응 엄마. 알아. 내일 나랑 같이 가. 오전에 시간 비
           웠어. 내가 알아서 한다니까… 이따 집에서 얘기해. 응.

전화를 마친 주희.

미조   왜?
주희   내일 엄마 정기검진. 자꾸 혼자 가신다잖아.

미조	…. 엄마 검진 날이구나….
주희	나 있지. 사실은 갈 때마다 떨려. 재발될까 봐.
미조	수술 잘 됐잖아. 요즘 못 고치는 암이 어딨…. (하다가 말을 아낀다)
주희	너 무슨 일이 있어?
미조	아니. (일어나며) 가자. 먹으니까 졸리다.

미조, 일어난다. 주희, 미조 따라서 걷는데 뭔가 이상하다.

주희	너 뭐 감추는 거 있으면 나 서운해.
미조	아니라니까…. 엄마 내일 몇 시야?
주희	오전. 금방 끝나.

나란히 걸어가는 미조와 주희.

29.   차이나타운 안 (밤)

주희가 탕수육에 고량주를 마시고 있다. 취했다.
가게에 손님이 없다.
현준이 걱정되어 주희를 자꾸 본다.

주희	여기요… 이거 한 병 더요….

현준, 주희 앞으로 온다.

현준	괜찮겠어요?

주희	저요? 왜요? 나는 뭐 쪼끔 비싼 술 마시면 안 되나?
현준	그게 아니구요. 많이 취했는데….
주희	왜요, 아… 문 닫는 시간이죠?
현준	그것도 그렇고 이거 엄청 독한 술이라.
주희	아니… 그쪽이 책임을 져야죠, 나를….
현준	네?
주희	아니… 노가리 사장님 네? 노가리집이 네?
	그래도 맘 편하게 마시고 엄마 몰래 울고 그런 덴데 네?
	아니… 그쪽이 차이나타운을 여기다가. 차이나타운은 인천에 있는데
	왜 이 동네에 또… 찬영이랑 미조랑 인천에 차이나타운에서 탕수육을
	먹었는데….
현준	여보세요?
주희	그런 사인데… 말을 안 해. 내가 맨날… 약해 보이나 봐.
	분명히… 그 눈은… 별일이 있는데… 말을 안 해… 나한테는….
	현준, 뭐지… 난감하다.

30.   시계 매장 (밤)

선우, 시계를 고른다. 유니크해 보이는 디자인.

선우	이걸로 포장해주세요.

카드를 내주고 핸드폰으로 소원에게 전화를 거는 선우.

소원(F)	오빠… (취한 목소리)

선우	어? 오… 김소원 한잔했어?
소원(F)	어! 한잔했어. 오늘… 우리 선생님들이랑… 회식하거든….
선우	아 그래? 잠깐 보고 가려고 했는데 회식하는구나?
소원(F)	나? 왜?
선우	내가 너 시계 하나 샀거든.

31.   룸살롱 앞 (밤)

소원이 쪼그리고 앉아 통화 중이다. 전체가 보이진 않는다.
소원의 얼굴이 화면 가득. 화장이 좀 진하다.

소원	정말? 예쁜 거 산 거 맞아? 오빠 취향이 좀 그래. 큭큭….
선우(F)	너 나 너무 무시해. 나름 미적 감각 있어.
소원	오케이! 내가 딱! 봐줄게. 이쁜지 별론지.
	내일 전화할게 오빠. 나 들어가야 돼.
	응. 응. 안녕~~. 알았어 택시 잘 탈게. 응….

애틋한 통화 후 일어나는 소원은 남다른 복장과 진한 화장.

웨이터	제인 누나! 빨리 들어오시래요! 손님이 찾아요.
소원	어….

비틀… 걸어가는 소원. 업소 안으로 들어간다.
남자들 한 무리 속에서 소원을 보는 한 남자, 선우 친구다. 갸웃….
얼른 전화를 건다.

32.   시계 매장 앞 (밤)

선우 전화받는다. (이하 교차)

선우   어. 이 시간에 전화하면 불안해. 또 술 마시냐?
친구   이제 시작이지. 황금 시간이잖아.
선우   간 좀 생각해 인마. (웃고) 뭔 일 있어? 왜.
친구   그냥 안부 전화, 안부. (하다가) 아, 니 동생, 소원이.
선우   웅.
친구   잘 지내냐? 뭐하지 요즘?
선우   피아노 학원에서 애들 가르쳐. 오케스트라 면접도 보고.
친구   아…. 우리 예쁜 소원이 남친 생기면 바로 전해라. 내가 싹 다 정리하게.
선우   미친놈아 니가 왜 정릴 해….
친구   내 첫사랑이라고 자식아!
선우   내가 싫어 너.

농담을 주고받으며 걸어가는 선우.

33.   미조 집 로비 (밤)

진석이 미조에게 전화를 건다. 받지 않는다.
로비 직원에게 다가가는 진석.

진석   저 죄송합니다. 급한 일이 있는데 연락이 안 돼서요.
       1002호 인터폰 좀 연결될까요?

직원   잠시만요.

한참을 기다리는 진석.

직원   아무도 안 계신 거 같은데요?
진석   아… 감사합니다.

진석, 애가 탄다.

34.   분식집 안 (밤)

선우 핸드폰으로 야구를 보며 라면을 먹고 있다. 액정이 바뀌며 진석의
전화 뜬다.

선우   어 형.
진석(F)   너 혹시 병원이냐? 미조 병원?
선우   아니요. 근처긴 한데.
진석(F)   미안한데 병원에 미조 있나 봐줄래. 확인만 해줘.

일어나 자리를 옮겨 병원 쪽을 보면 원장실에 불이 켜져 있다.
선우, 잠시 고민한다.

선우   없는 거 같은데요?

선우, 불 켜진 원장실을 바라본다.

35.   제이피부과 로비 (밤)

선우가 들어온다. 미조의 방에 불이 켜져 있다.
미조, 놀라서 나와 선다. 얼굴이 엉망이다.

선우   식사는 좀 했어요?
미조   네.
선우   뭐 달달한 거 마실래요?
미조   별로. (하다가) 시원하고 단 거면….

선우, 당연히 다 되지… 웃는다.

36.   디저트 카페 (밤)

셰이크를 마시는 두 사람.

미조   병원엔 왜 다시 왔어요? 김 선생님 친구 없나 봐.
선우   선우 씨라고 부르죠, 그냥.
미조   ….
선우   동생 선물 하나 사고 출출해서…. 병원 앞에서 밥 먹고 있었어요.
       근데 진석이 형이 전화했더라구요. 병원에 미조 씨 있냐고.
       분식집에서 병원 보이거든요. 원장실에 불이 켜져 있어서.

미조, 갑자기 전투 모드로 선우를 날 서게 본다.

선우   이럴 줄 알았어. 진석이 형한테 사실대로 전하면 우리 원장님한테 혼날
        거 같더라.
미조   (뭐라고 했냐고) 그래서요.
선우   없다고 했어요.

미조, 다시 눈에 힘을 빼고 처연한 얼굴로 음료를 마신다.

선우   궁금해 죽겠네….
미조   답을 못 찾겠어요. 어디에 있어야 마음이 편한지도 모르겠어.
        집도 병원도…. 갑자기 다 낯설이요.
선우   …. 아무 영향력도 미치지 못하는 사람에게 하소연을 하면.
        예를 들면 나 같은 사람. 나름 속은 시원하던데.
미조   (글쎄…)
선우   나도 미조 씨 보자마자 술술 터놨잖아요. 내 동생 얘기.
        내 친구들 아직도 몰라요. 미조 씨한테 처음 말한 거야.

미조, 창밖을 본다.

미조   답답할 때 뭐 해요?
선우   신발, 뭐 신었어요?

보면, 힐을 신고 있는 미조의 발.

선우   발도 예쁘네. 왜 그때 발을 못 봤을까?
미조   (불편하다) 선우 씨.
선우   병원에 운동화 있어요?

미조   ⋯. 차에 골프화 있어요.

37.   차이나타운 안 (밤)

새벽 1시 넘고.
현준은 기다리고. 주희가 벌떡 일어나 카드를 내민다.

주희   계산. 영수증은 버려주고⋯.

현준, 카드 받는다. 집 현관 카드다.

현준   (장난하나) ⋯저기요.

돌아보면 주희는 이미 문을 열고 나가고 있다. 어이없는 현준.

38.   아파트 1층 승강기 앞 (밤)

주희, 버튼도 안 누르고 승강기 문에 머리를 박고 비틀비틀⋯.
공동 현관문 밖으로 현준이 주희 카드 쥐고 열받아 식식거리며 보고 있다.
안 되겠는지 들어와 주희 앞으로 오는 현준.

현준   저기요. 이봐요.
주희   (눈 풀려 현준을 본다) 아니. 차이나타운. 뭐지? 왜 여기 있지?
현준   (카드 내보이며) 이거는 아니지 않아요?

주희   (카드 보다가) 내 건데.
현준   그니까요. 그쪽 거 맞는데 이걸로 계산은 아니잖아요.

주희, 깔깔깔 웃는다. 너무 웃긴지 쭈그려 앉아서 웃는다.
현준, 이 미친 여자 뭘까… 어이없어 바라본다.

주희   (비틀 다시 일어나) 카드 키…. 그게 신용카드냐? 아 웃겨… 계산…. 큭
        큭…크큭… 아 유 크레이지?

이제야 승강기 버튼 누른다. 문이 열린다.
주희, 비틀 탄다. 문이 닫히려 하는데, 다시 열린다.
주희, 현준 손에 들린 카드 키를 낚아챈다.

주희   도둑이세여? 우리 집 털라구? 신고한다, 니….

배시시 웃으며 닫힘 버튼을 꾸욱~!
닫히는 문으로 주희의 멍청이… 입 모양 보인다.
아무도 없게 된 1층. 현준, 어이없어 입만 벌리고 있다.

현준   부동산 사장님 너무하네. 풍수지리 좋다더니, 주민 상태 왜 이러냐.
        아 뒷골 땡겨….

목 주무르며 화가 나서 팍팍 걸어가는 현준.

39.   공원 산책로 (밤)

원피스와 어울리지 않는 골프화를 신은 미조.

선우   뜁시다!

덥석 미조 손목을 잡고 달리는 선우.
미조, 얼결에 달리는데 선우, 미조의 손목에서 손으로 옮겨 잡고 달린다.

/미조와 선우가 나란히 달린다.
미조는 숨이 너무 차다. 섰다가 다시 달리고 또 멈추고 선우는 그 곁을
지키고.

40.   공원 벤치 (밤)

숨을 고르는 미조와 선우.

선우   좀 후련하지 않아요?
미조   맨발에 땀나서 찝찝해.
선우   치명적이기 어렵다.
미조   ?
선우   찬영 씨가 그랬거든요. 치명적으로 어떻게 좀 해서 미조 씨 미국행 발을
        묶어놓으라고.
미조   (놀래서) 찬영이 만났어요??!!
선우   고백할 게 있는데… 아 그 고백은 했고, 다른 고백.

미조	말 돌리지 말구요!
선우	나 어제. 미조 씨 경찰서 간 날. 경찰서에 있었어요.

미조, 하휴…. 답답하다.

미조	나야말로 다 보여줬네. (큰 한숨)
선우	갑자기 사라져서, 병원 가운 입고 나타나더니 멱살을 팍! 눈빛은 엄청 불안해 보이고…. 그런 사람을 어떻게 혼자 두고 가요? 집에 안전하게 가나 기다리다가….
미조	희한하죠?
선우	안타깝죠.
미조	(본다)
선우	알게 된 시간은 짧아도… 그런 거 있잖아요. 저 사람 방식은 아닌 거 같다. 그런 느낌. 걱정됐어요, 미조 씨가.
미조	…찬영이가.

망설인다. 그러다 결국.

미조	내 친구들 봤죠? 찬영이… 주희….
선우	….
미조	가족 같은 친구라는 말로도 부족해. 완전한 가족이 뭔지도 모르니까.
선우	(마음이 아프다)
미조	아무튼… 아주 아주… 소중한 사람들이거든요.
선우	그래 보였어요.
미조	찬영이가. 찬영이가 많이 아파요.
선우	!!!!

미조	아주 많이. 췌장암 4기 정도 된 거 같대.

선우, 너무 놀라 입을 못 다문다.

41.   정가네일품밥상 안 (밤)

좌식 테이블을 밀어두고 이부자리가 깔려 있다.
찬영 모와 부, 잘 준비를 한다. 찬영, 세수를 하고 와서 투덜거린다.

찬영	멀쩡한 집 놔두고 왜 여기서 자?
찬영 모	내일 새벽부터 바빠. 오고 가고 더 피곤해.

찬영, 엄마 아빠 사이에 눕는다.

찬영	모처럼 왔는데 진짜… 아 허리 배겨.
찬영 부	방석 좀 깔아줄까?
찬영 모	나한테나 좀 잘해. 시집도 안 가고 밉상인 딸년 말고.
찬영	아빠 우리 다른 방에서 자자.
찬영 모	자빠져 자자. 얼굴은 왜 이렇게 퍼석해? 나이 못 속이지.
	앞에 3자 들어 있을 때 보냈어야 되는데 4자 들어오게 생겼어.
찬영	엄마. 남들이 나보고 20대냐고 그래. 뭔 소리야.
찬영 모	(찬영 얼굴 보더니 뺨을 찰싹) 그 말을 믿냐!
찬영	(벌떡 일어나며) 아 왜 싸대기를 쳐~!
	엄마 너무 폭력적이야! 아빠 이혼해!
찬영 모	다 늙어서 뭔….

찬영	아빠 서울에 혼자 사는 예쁜 아줌마 천지야! 내가 정리 좀 해줘?
찬영 부	가게도 엄마 명의, 집도 땅도 엄마 명의… 남는 장사 아니야.
찬영	위자료 받아야지!
찬영 모	둘이 차에 가서 잘 거야?

찬영 부, 쉬쉬하며 찬영을 보고 웃는다. 찬영, 으유….

찬영 모	마흔에도 잘 가드라. 돈 벌어 뭐해 관리 좀 하고 가꿔 쫌.
찬영	엄마 옆에서 백 년 만년 살 거야. 같이 늙는 거지 뭐.
찬영 모	저쪽 뺨도 맞아볼래?
찬영	잘 자, 여러분.

말은 험해도 가족애가 넘친다.

42.　공원 벤치 (밤)

선우의 난감한 얼굴. 미조는 담담하다.

미조	내가 제일 먼저 듣게 된 거야… 이걸 전해야 되는데….
	말발은 좀 있는 편인데… 도대체 뭐라고 해야 될지 모르겠는 거예요.
선우	큰일 났다….
미조	찬영이 볼 용기도 없으면서 엄한 데 화를 내고 다녀요.
선우	진석이 형이랑 찬영 씨가 남다른 사인가 보다.
미조	김진석이 뭐라고 했는데? 뭐 지 내연녀래요? 그래?

또 감정이 올라오는 미조의 손을 조용히 잡아 토닥이는 선우.

미조, 너무했나… 아 모르겠다. 슬그머니 손을 빼서 머리를 넘긴다.

선우   퍼즐이 막 맞춰지잖아요. 찬영 씨, 진석 형, 그의 와이프. 그녀의 절친.

미조   생각하는 그런 관계 아니에요. 김진석이랑 찬영이랑 아주 오래전부터….

그럼 뭐 해. 딴 여자랑 잘 먹고 잘 사는 놈을 뭐하러.

선우   (먼 곳을 보며) 모두 다 아픈 사랑을 하네요.

아무도 행복하지 못한… 그런 거.

미조   글쎄요. 난 내 친구만 행복하지 못한 거 같아.

선우   제일 마음 아플 거 같아. 듣기만 해도….

선우, 미조를 바라본다. 당신도 아프구나… 하는 눈빛이다.

미조   이래요. 사건의 전말은 이래.

선우   알고 나니까 걱정이 더 커졌어. 찬영 씨도… 미조 씨도….

진석이 형은 알아요? 찬영 씨 아픈 거?

미조   아니요. 물어볼까 봐 피하는 중. 찬영이가 먼저 알아야죠.

선우   그렇죠…. 어떻게… 말할 거예요?

미조   (얼굴을 쓸어내린다) 모르겠어요….

선우   주희 씨랑 상의 좀 해봤어요?

미조   주희한테 말 못 했어요. 말하려고 했는데…. 그쪽도 사정이 어두워.

선우   우리 원장님 너무 힘들다. 큰일 났어요.

미조   나 하나 힘들고 해결될 일이면 좋겠어요. 정말로….

미조, 일어난다.

미조	달렸더니 지친다. 가요.

먼저 걸어가는 미조. 선우가 일어나 미조 곁을 따라 걷는다.
선우, 지금은 아무 말도 미조에게 들어가지 않을 거 같아 묵묵히 곁을
지킬 뿐이다.

미조	아, 작약… 예뻐요.
선우	철없는 말이긴 한데요. 작약 준비한 내심은 잊지 말아야 됩니다.
미조	아… (피식) 고백?
선우	다시 하면 되지 뭐.
미조	타이밍 애처롭네. (서글프게 웃는다) 그러지 말아요. 이래저래 텄어요.

미조, 계속 걸어간다. 선우, 더 마음에 짐을 주지 않는다.

43.   미조 자동차 안 (밤)

라흐마니노프 피아노협주곡 제2번의 현악기 음색이 슬프다.
눈물이 고이려는 걸 꾹 참는 미조.

44.   길 (밤)

걷고 있는 선우.

미조(E)	그러지 말아요. 이래저래 텄어요.

선우, 걸음을 멈춘다.

선우   텄지. 길 텄으니까 열심히 가야지.

다시 힘을 내 걷는 선우.

45.   정가네일품밥상 안 (밤)

찬영이 아빠에게 다리를 올리고 자고 있다.
찬영 모, 잠이 들지 않았다. 조용히 일어나 이불을 찬영에게 덮어준다.
아직 애를 보는 듯한 애틋한 눈으로 찬영을 본다.
이내 피곤한지 하품을 하며 자리에 눕는 찬영 모.

46.   주희 집 주희 방 (아침)

침대에서 겨우 일어나는 주희. 머리 깨지게 아프다.
문이 열리고 주희 모가 한심하게 본다.

47.   주희 집 주방 (아침)

국도 안 먹힌다. 겨우겨우 몇 숟가락 집어넣는 주희.
주희 모는 술 깨는 약을 준다.

주희모	이 노무 집구석은 감기약이 상비약이 아니라 술 깨는 게 상비약이야.
주희	이제 과음 안 해. 정신 차려야 돼 나.
주희모	행여나!! 왜 그렇게 퍼마시고 다녀?
	집에 들어오는 거 보면 용하지. 어젠 너 비밀번호도 못 눌렀어!
	어디서 그렇게 마신 거야?
주희	어제… 어제….

주희, 점점 생각이 난다.

주희	아 씨….
주희모	얼른 먹어! 병원 시간 늦겠어. 그러게 혼자 간다니까….
주희	다 먹었어!

얼른 서두르는 주희.

48.　차이나타운 앞 (아침)

주희, 발을 툭툭… 미치겠다.

주희	몇 시까지 마신 거야….

핸드폰 카드 문자를 보면 계산 내역이 없다.

주희	분명히 카드… 영수증 버려달라고 한 거 같은데…?

지갑을 연다. 카드 키가 다른 카드 위에 튀어나와 꽂혀 있다.

주희   (카드 키 꺼내 보며) 니가 결제했니…? 아….

주희 모, 저만치서 보고 있다. 주희, 아씨… 엄마에게 간다.

49.   미조 집 거실 (아침)

TV는 조용하고. 커피도 내리지 않고.
부스스한 모습으로 소파에 앉아 있는 미조. 핸드폰이 울린다.

미조   어, 선배. 아직….
선배(F)   우리가 연락할까? 빨리 검사해야 될 거 같은데.
미조   …선배. 정말 확실한 거야? 4기 정도 된 거 같아?
선배(F)   3기인지 4기인지 검사해봐야 알겠지만, 피검사도 그렇고….
         암은 맞는 거 같아. 그니까 빨리 데리고 와. 4기면 하루가 급한 거 알지?

미조, 마음이 착잡하다.

50.   터미널 버스 승강장 (아침)

버스에 타고 있는 찬영. 버스 밖 아빠와 애틋하게 인사한다.
버스가 출발해도 찬영 부는 연신 손을 흔들며 딸을 보낸다.
찬영도 윙크를 하며 아빠를 보낸다.

51.   고속버스 안 (낮)

잠이 든 찬영. 문자가 온다. 깨서 핸드폰 열어보는 찬영. 미조다.
[서울 오면 전화해]
찬영, 미조에게 전화를 건다.

찬영   어. 왜.
미조(F)   저녁에 뭐 해.
찬영   저녁 먹을 사람 오지게 없나 보다. 아 참, 너 합의됐어?
미조(F)   만나서 얘기해.
찬영   너 빵에 가면 사식 안 넣어준다!

52.   대학병원 진료실 (오전)

초조한 주희. 주희 모도 긴장한 표정이다.
의사, 검사 결과를 살피고.

의사   네. 좋습니다. 다 정상 수치구요. 지금처럼 약 잘 챙겨 드시고, 식사 잘
        하시고. 운동도 가볍게 하고 계시죠?
주희 모   요가, 요가해요. 등산도 가끔 하고.
의사   잘하고 계시네요. 그럼 석 달 후에 다시 뵈면 될 거 같습니다.

주희, 하… 안도한다.

53. 대학병원 앞 택시 승강장 앞 (오전)

주희 모 한사코 말리고 있다.

주희   택시 타자니까. 지금 차 안 막혀서 택시비 얼마 안 나와.
주희 모   뭐 하러 버스 많은데.
주희   나 회사 들어가봐야 해. 엄마 내려주고 갈라 그러지.
주희 모   그니까 너 가. 엄마는 남는 게 시간이고. 일부러 운동해야 하는데.
주희   같이 버스 타 그럼. 시간 여유 있어.
주희 모   내가 애야? 혼자 간다니까….

할 수 없이 엄마 따라 버스 정류장으로 이동하는 주희.

54. 버스 안 (낮)

주희 모는 핸드폰으로 트로트 영상 보느라 즐겁다.
주희, 미조에게 문자를 적는다.
미조와 주희 문자.

/미조야. 너 정말 별일 없는 거지?
/응. 엄마는 뭐래?
/좋대.
/다행이다.
/저녁에 뭐 해?
/약속 있어.

/늦어?

/봐야 알 거 같아.

/그래. 나 백화점으로 들어간다. 뭔 일 있음 연락해.

/응.

그러나 주희, 뭔가 이상하다.

55.   차이나타운 앞 (낮)

주희가 안을 들여다본다. 서너 테이블 손님들이 보인다.
아르바이트 여자가 빈 테이블을 정리하고 있다.
주희, 에라 모르겠다 들어간다.

56.   차이나타운 안 (낮)

계산대 포스기 앞에 선 주희. 현준이 카드를 내준다.

현준   영수증은 버려달라고 하셨는데 맞죠?
주희   네. 어젠 미안해요.
현준   정확히 어떤 부분이 미안하신지.

현준, 주희를 놀리는 중이다.

주희   늦게까지… 가게 문 못 닫고… 계산도 오늘….

현준   덕분에 어제 새벽 두 시에 마감을 했네. 다크서클 보여요?
        피곤이 가시질 않아요.

        손님들 주희와 현준을 본다. 현준 앗… 미소로 인사하고 주희를 본다.

현준   아무리 그쪽 소울 사장님 노가리 사장님이 이사했어도요.
        중식 사장 겸 셰프한테 이러시면 안 되죠.
        다들 성실하게 먹고사는 중이잖아요?
주희   네. 그렇죠….
현준   동네 주민이라 이해해드리는 거예요. 저보다 연배도 있으신 거 같은데
        우리 큰누나 생각도 나고 해서요.

        주희, 아 씨… 일장 연설이네….

주희   큰누나 몇 살인데요.
현준   (느닷없이 이런다고?) 마흔둘….
주희   나 그렇게 안 많은데.
현준   (역전된 이상한 분위기) 아… 그렇다면 제가 죄송하구요….

        주희, 돌아서 가려는데.

현준   짜장면!!
주희   (돌아보면)
현준   점심시간인데… 한 그릇 하시고….
주희   고객 관리 별로네요. 난 짬뽕 좋아하는데.

주희, 가게를 나간다. 남은 현준 기분이 영 찜찜하다.

여알바	어제 진상녀가 저 여자 맞죠?
현준	내가 왜 진 거 같지?
여알바	큰누나 드립이 결정적이지 않았나….
현준	몇 살로 보이는데 저 여자.
여알바	많이 봐도… 서른일곱?
현준	(아 씨…) 내가 잘못했네.

쩝… 다시 주방으로 들어가는 현준.

57. 차이나타운 앞 (낮)

터덜터덜 걸어가는 주희.

| 주희 | 너 그래서 장사 잘 되나 보자. 큰누나? 막내 누나도 아니고?
서비스 정신이 저따구야. |

이래저래 짜증이 나는 주희.

58. 연기 레슨실 안 (낮)

찬영, 엄마가 싸준 반찬 그릇을 냉장고에 넣는다.
다 넣고 맥주를 꺼내 마신다. 시원하다.

습관처럼 서랍을 열어 담배를 꺼내 무는 찬영. 라이터로 불을 붙이려다 멈춘다. 한참 생각하더니 담배와 라이터를 쓰레기통에 넣는다.
레슨용 거울 앞에 선 찬영. 무슨 생각을 하는 건지 한참 동안 자신을 바라본다.

찬영   잘할 수 있어. 다 끊을 수 있어.

자리로 돌아가 맥주를 마시는 찬영. 핸드폰이 울린다. 진석이다.
조용히 뒤집어 놓는다. 벨소리 멈춘다. 안 되겠는지 핸드백을 들고 나간다.

59.   진석 자동차 안 (낮)

운전을 하는 진석. 핸드폰으로 다시 찬영의 이름을 누르려다 만다.
속이 많이 상한다.

60.   연기 레슨실 앞 (낮)

진석, 두드린다. 아무 기척이 없다.
왔다 갔다… 자리를 쉽게 뜨지 못하는 진석.
안 되겠는지 뭔가 결심하고 자리를 나선다.

61.   제이피부과 원장실 (낮)

미조가 책상에 앉아 눈만 깜박이고 있다.
시계를 본다. 후…. 답답한 미조.
거울을 꺼내 얼굴을 비춘다. 웃는 얼굴을 만든다. 어색하다.
다시 웃어 보인다.

미조   밥은 먹었어? (하… 다시 웃는 얼굴) 찬영아. 같이 병원에 한번 가볼…

에이씨…. 거울을 탁 내려둔다. 놀란다. 진석이다.
샌드위치 포장을 들고 있다.

진석   이렇게 피할 일이야? 세상을 뒤집어 놓고 숨으면 다냐?
       오빠도 바쁘다 너.
미조   갑자기 오면 어떡해.
진석   점심시간이잖아. 이거 먹으면서 얘기 좀 해.
미조   다음에 해.
진석   미조야….
선우(E) 어, 형 왔어요?

보면, 의사 가운 차림의 선우가 서 있다.
둘은 분위기 땐땐하고. 선우는 눈치 채고.

선우   뭐야, 샌드위치? 내 것도 사 왔지?
진석   어? 아니 두 개.
선우   서운하네. 나 있는 거 뻔히 알면서.

미조	이거 드세요. 생각 없어요.

미조가 나가면, 선우, 미조를 본다.

진석	다 먹어.

선우가 급하게 진석을 잡는다.

선우	형. 무슨 일인지 모르겠는데. 내가 본의 아니게 미조 씨 옆에서 봤잖아? 지금은 별론 거 같아. 시간 좀 주자.
진석	…. 별말 안 하디?
선우	글쎄… 나도 잘….
진석	답답해서 왔어. 이게 다 무슨 일인지 모르겠어. 미조가 그렇게 감정이 격한 건 처음 봐서. 찬영이도 연락이 안 되고.

이때, 미현이 등장한다.

미현	어라? 진석이? 뭐야, 관리받으러 왔니?
진석	도대체 어딜. 완벽하구만.
미현	그래. 그것도 좋은 마인드다. 품….
진석	맞다. 누나 춤바람 났어? 지난번에 그 복장 뭐야?
미현	조용히 해라 너. (밖을 살핀다)
진석	눈치 보는 거 보니까 뭐 있네.
미현	야!!

미현과 나가는 진석. 선우, 후… 미조의 자리에 시들어가는 작약을 본다.

작약 화병을 들고 나간다.

62.   제이피부과 근처 벤치 (낮)

미조가 앉아 멍… 하늘만.
강렬하게 파란 장미가 훅 들어와 가린다. 뭐지… 이내 보이는 선우 얼굴.

미조   아 깜짝이야….
선우   그렇게 놀랠 얼굴은 아니지 내가.

선우, 미조 옆에 앉는다.

선우   진석이 형 갔어요. 저기 분식집 보이죠? 맛 괜찮은데. 점심 해야죠?
미조   별루요….
선우   이거 봐 이거. 우리 엄마 아플 때 나랑 동생이랑 간호 열심히 했거든요.
        간호를 잘 하려면 밥심이 기본이에요. 장기전이거든.
미조   …. (그냥 힘없이 웃고 만다) 긴장돼서 그래요.
선우   …. 찬영 씨… 오늘 만나려고요?
미조   네.
선우   태워다 줄까?
미조   됐어. 기사예요? 의사지.
선우   오늘은 경찰서 가면 안 됩니다!
미조   그럴 힘도 없어. 웬 꽃?
선우   요즘 꽃 자주 사죠? 나도 어색해. 들어갈까요?
미조   먼저 가세요.

선우   빨리 들어와요. 자외선 기미 생겨.

선우, 웃으며 자리를 비켜 준다. 미조, 피식 웃고. 또 선우를 돌아본다.
꽃을 들고 걸어가는 선우.

63.   제이피부과 원장실 (낮)

미조가 들어온다. 작약 대신 파란 장미가 꽂혀 있다.
미조, 복잡하다. 하지만 꽃이 화사하다.
흠⋯. 꽃을 보며 마음을 다잡는 미조.

64.   찬영 레슨실 앞 (밤)

오늘도 문을 열지 못하고 서 있는 미조.
찬영의 목소리가 넘어온다. 레슨 중인 거 같다.
미조, 후⋯. 손이 떨리고 입술이 떨린다. 팩트를 열어 얼굴을 본다.
화사하게 립스틱도 바르고. 미소도 지어보고 후⋯!! 들어갈 준비를 한다.

65.   연기 레슨실 (밤)

신인 여배우 연습 중인 찬영.

찬영   총천연색이다. 화려하다 화려해.

신인 여배우 대본에 색연필 체크들이 매우 많다.

신인 여배우 열심히 하잖아요….
찬영　　　한결같아. 공부 못하는 애들이 죄다 줄 그어놓거든.
　　　　　뭐가 중요한질 알아야지. 죄다 별표야?
　　　　　내 영어 교과선 줄 알았다 야.
신인 여배우 영어 공부 절었어요?
찬영　　　지금 너만큼은 안 절었거든!!

미조가 들어온다. 여배우 반색이다.

신인 여배우 선생님 손님 오셨으니까 그만해도 되죠?
찬영　　　아니. 더 해야 돼 너. (미조에게) 기다릴 수 있지?
미조　　　내가 너무 일찍 왔지? (배우에게) 죄송합니다. 찬영아 나 요 앞에 카페
　　　　　에서….
찬영　　　거기 있어. 니 앞에서도 부끄러우면 카메라 앞에선 사망이지.
　　　　　그래 안 그래!
신인 여배우 뉘….

66.　　　몽타주
──────────

　　　　　/찬영은 외웠고 배우는 대본을 보며 연기 연습 중.

찬영　　　내가. 심장이 하나라… 너에게 보낼 온도는 없어.
배우　　　차가워도 돼. 온기 없어도 돼. 니 옆에만…

찬영	야!!!
배우	(아 씨…)
찬영	니가 온기가 없잖아! 정해. 불쌍해 보일 거야, 고집스럽게 보일 거야.
배우	모르겠어요….
찬영	역할 해석은 하고 오디션을 봐야지. 자 봐봐. 이 남자가…

열심히 배우와 이야기 하는 찬영. 그런 찬영을 바라보는 미조.
자꾸 눈물이 날 거 같아 다른 곳을 보기도 하고.
핸드폰을 열어 눈에 들어오지도 않는 아무거나 보기도 하고.
하지만 곧 울지도 모를 눈이 애처롭고.

/찬영이 배우를 데리고 서서 동작을 정리해준다.

찬영	다 잔동작들이잖아. 난 너무 불안해요, 티 내는 거지?

배우, 열심히 동선 체크받는다.
그 모습을 보는 미조. 찬영의 레슨 모습은 처음이다. 턱을 괴고 빠져든다.

/배우와 동작을 함께 하며 상대역을 해주는 찬영.
그러다 다시 배우의 역할을 해 보이고.
팔을 걷어붙인 찬영의 모습이 너무나 열정적이고 멋있다.
미조, 넋을 놓고 보다가 찬영과 눈이 마주친다.
찬영이 웃는다. 미조도 웃는다. 찬영이 다시 레슨으로 돌아가면 미조는
손가락을 꼭꼭 잡으며 올라오는 감정을 참는다.

67. 연기 레슨실 안 (밤)

레슨이 끝나고 미조와 찬영이 남았다.

찬영   뭐 마실래? 아 냉장고에 맥주 있는데.

미조   안 마셔.

찬영   난 마셔야지~!

미조   너도 마시지 마 쫌!!

찬영   내가 산 건데 왜 지랄이야!

미조   술 좀 줄이자 우리도. 허브티 없어? 하나 사 올 걸.
       배우들 올 때 선물 안 사 와? 허브티, 건강 차 요즘 얼마나 많아?
       나중에 내가 하나 보내줄게. 아니다 내가 사 올게.
       멀지도 않은데. 녹차 티백도 없나? 너도 뭐가 있는지 모르지?

어수선하게 떠들어대는 미조를 가만히 바라보는 찬영.

미조   탕비실 없어? (포트를 찾으며) 물 어디다 끓여? 아 정수기 온수 기능 있
       나? 티백 없어?

이제야 찬영을 잠시 돌아보는 미조. 두 눈이 딱 마주친다. 미조, 떨린다.

찬영   뭐하냐 너?

미조, 주저주저한다.

미조   아니…. 우리도 우아하게 차를 좀 마시자는 거지.

찬영   우아? 너 어제부터 이상해. 아니 그제부터.

찬영이 소파에 앉는다. 미조도 앉는다.
찬영을 잘 보지 못하는 미조.
찬영, 뭔가 단단히 이상하다.

68.   제이피부과 원장실 밖 (밤)

선우가 퇴근하다가 걸음을 멈춘다. 유리창 너머로 원장실을 본다.
파란 장미가 화사하다.
응원의 눈빛으로 장미를 본다.

69.   챔프엔터 대표실 (밤)

책상에 앉아 아무것도 못 하고 전전긍긍인 진석.
착잡하다. 핸드폰을 열어보면 [찬영]에게 건 전화가 상당히 많다.
[선주]라고 뜨며 전화가 온다. 받지 않는 진석.

70.   주희 집 주방 (밤)

주희 모, 드라마를 보고 있다. 주희가 냉장고를 열어 맥주를 집는다.
주희 모 몰입해서 드라마 보는 걸 보고는 조금 웃는 주희. 방으로 들어
간다.

71.　주희 집 주희 방 (밤)

핸드폰에서 드라마가 나오고 있다.
주희는 핸드폰을 든 채 다른 곳을 바라보고 있다.
영 몰입하지 못하는 주희. 맥주를 따지 않았다.

72.　연기 레슨실 (밤)

분위기가 왜 이런가…. 미조를 보는 찬영.

찬영　　요 며칠 왜 그래 너?
미조　　뭐가…. 원래 이렇지 뭐.
찬영　　왜 안 하던 짓 하고 그랬냐고.
미조　　나 원래 욱하는 거 알잖아.
찬영　　너무 쉽게 욱해서. 열받아 온 여자가 그 정도는 할 수 있는 말인데 왜
　　　　싸대기를 날리냐고. 너 처음이지 누구 싸대기 때린 거.
미조　　….
찬영　　사람이 죽을 때가 되면 변한다던데. 너 뭐 죽을병 걸렸냐?
미조　　정찬영 쫌….
찬영　　아니면. 나 뭐… 꼬였냐?

미조, 담담…. 숨이 가빠오는데 겨우 정신을 꽉 잡고.
찬영은 미조를 빤히 본다. 미조 고개를 든다. 슬프게 웃는다.

미조　　찬영아.

찬영	말해.
미조	…. 너 CT 찍은 거 왜 말 안 했어.

찬영, 느낌이 온다.

찬영	안 좋구나.

미조, 흔들리는 모습을 보이기 싫어 단단하게 찬영을 본다.

미조	내일 병원 가자.
찬영	뭔데.
미조	…. 검사해야 알…
찬영	(자조의 쓴웃음) 씨발 니가 의산데 뭣도 모르고 이 사색이겠어?
	그 사고를 치고? (조심스럽게 지른다) 나… 좆됐냐?
미조	(한숨) …욕쟁이 정말. (찬영을 보며 쓴웃음) 좆될 일 없어.
	우리한테 그럴 일. 없어.

미조, 절대 아무 일 없어야 한다는 스스로의 주문처럼… 이를 꽉 물고
웃어 보인다.
그러나 눈에는 눈물이 차오른다.
찬영, 그런 미조를 보며 담담하다. 하지만 찬영의 눈에도 조금 눈물이
차오른다.

미조	아직 30대야 우리. 아직 더 놀아야 돼.

미조, 웃는다. 찬영, 피식 웃는다. 그러나 이내 초조함에 하…. 고개를 숙

인다.

미조(N)   겨우. 겨우 서른아홉이었다.
우리가 서로의 생과 사란 깊은 괴로움을 만나기엔.
채 여물지 않은. 겨우… 서른 끝자락이었다.

미조, 무너진다. 고개를 떨구고 말을 잇지 못한다.
찬영, 아 씨…. 창밖을 바라본다.
미조, 고개를 들어 그런 찬영을 본다.
고개 돌린 찬영과 눈이 마주치는 미조.
참… 답도 없이, 속상하게 서로를 바라보는 미조와 찬영 얼굴에서 엔딩.

제4화

선택

1.   프롤로그

/2006년 겨울 핫한 나이트 앞. 나이트 복장이라 하기엔 클래식하게 잘
차려입은 주희. 선보러 가는 분위기가 더 어울릴만한 복장이다.
찬영은 캐주얼하면서도 세련된 대학교 4학년의 모습. 두 사람 미조를
기다린다.
찬영과 주희의 표정이 밝아졌다가 땅… 드디어 나타난 미조.
의대 막바지 공부에 지친 미조의 허름한 모습. 백팩 메고 운동화 신은
복장으로 등장.
그래도 왔으니 다행이라며 세 여자 나이트에 입장하려고 하는데.
나이트 매니저가 정중하게 이들을 막는다.
미조의 복장을 가리키며 난색을 표하는 매니저. 미조, 이씨….

/포장마차 안.
결국은 포장마차. 찬영은 키득거리고 미조는 주희 눈치를 보며 아담한
케이크를 세팅 중이다. 스물네 살 초를 꼽는 미조. 찬영이 라이터로 불
을 붙인다.

미조	한 번만 봐줘. 나 정말 겨우 빠져나왔단 말이야.
	교수님이 째려봤다고.
찬영	그래. 나중에 우리 미모는 미조가 책임져주겠지.
주희	인생 처음으로 나이트 한번 가보자는 게 이렇게 어려울 일이냐. 아유….

주희, 못이기는 척하며 촛불을 불어 끄려는데,
포장마차 문을 열고 들어오는 일행들 덕분에 바람이 세차게 불어 들어
와 촛불이 꺼진다.
젠장… 소주를 따르는 주희.
초에 다시 불을 붙이려는 미조.
주희, 시크하게 초 걷어내고 숟가락으로 퍼먹는다.
미조와 찬영도 조용히 퍼먹는다.

주희   앞으로. 우리 인생에 나이트는 없어. 가잔 말 하기만 해봐.
찬영   니가 가자고 한 거잖아….
주희   어쨌든! 그냥 맨날 소주나 마셔.
미조   야, 화 풀어… 담에 다시 가자.
주희   니들이랑은 안가.
찬영   나랑 가, 나랑.

부제 '선택'

2. _____ 대학병원 진료실 안 (낮)
    _____

미조와 찬영이 찬영의 검사 결과를 듣고 있다.
미조 선배인 의사(남, 40대 초반) 담담하게 설명을 마치고 찬영을 한 번
보고, 미조를 한 번 보고. 난감하다.

찬영   (담담한) 4기면. 확률이 얼마나 돼요? 살 확률.
선배 의사   (미조 한 번 본다)

찬영	말씀하세요.
선배 의사	췌장암 같은 경우는… 4기면 이제… 0.8퍼센트 정도라고 하긴 하는데요.

미조, 후… 조용히 숨을 몰아쉬며 고개를 숙인다.
찬영도 참담하다. 하… 한참을 생각한 찬영.

찬영	내 손으로 밥 떠먹고. 내 발로… 화장실 가고.
	그럴 수 있는 날… 얼마나 돼요.
선배 의사	…항암치료 하시면 1년. 아니면… 6개월 정도 예상합니다….
미조	0.8퍼센트라는 게…
찬영	(말 자르며) 항암치료 안 할래요.
선배 의사	네?
미조	찬영아.
찬영	가자.

찬영, 일어나 나가버린다.
미조도 급하게 일어나 선배 한 번 보고 달려 나간다.

3.   대학병원 로비 (낮)

거칠게 걸어가는 찬영을 잡아 세우는 미조.
로비에 사람들이 꽤 앉아 있고 서 있다.

미조	왜 치료를 안 해.
찬영	못 들었어? 0.8프로라잖아.

미조	0.8은 살 수 있다는 말이잖아.
찬영	누가 장담해 내가 0.8일지 아닐지.
미조	그래도 하는 데까지…
찬영	아니!! 너 몰라? 니가 더 잘 알잖아. 항암치료 시작하면 어떻게 되는지! 내가 병실에만 있다가 죽기 싫다고!
미조	왜 자꾸 죽는다고 전제를 하냐고~!!

두 사람의 언성이 높아지며 살벌해진다. 주위 사람들 은근히 집중하고 있다.

찬영	니 인생이야? 니가 나라도 안 할 걸!
미조	상의는 해볼 수 있잖아!
찬영	누구랑 상의를 해 내 인생인데!!
미조	너 부모님 없어? 나 없고 주희 없어??
찬영	왜 엄마 아빠 끌고 들어와 치사하게~!
미조	중요한 일이잖아. 됐어 나 지금!! 양평 갈 거야. 가서 엄마 아빠랑 상의할 거야!
찬영	니가 거길 왜 가 이년아~!!
미조	야!!!

찬영의 핸드폰이 울린다. 주희다. 스킵.
곧 미조의 핸드폰도 울린다. 주희다. 스킵.

찬영	야 현기증 나. 그만해. 내가 알아서 해.
미조	그럴 만한 일이 아니잖아!
찬영	왜 이렇게 집요하게 난리야~! 6개월 살고 죽는다는데 난 장난 같아??

미조   죽긴 누가 죽어~!!

사람들 조용… 이때 두 사람의 핸드폰 동시에 카톡!
아씨… 카톡카톡. 카톡! 잠시 숨 고르며 둘 다 핸드폰 본다.
미조, 하… 찬영, 미친….
두 사람 눈이 마주친다. 그러면 안 될 거 같은데 피식… 웃음이 난다.
사람들, 뭐야… 미친 애들이야?

문자 인서트/
당첨 복권 사진.
나 4등 당첨됐어! 750만 원이래! 오늘 저녁에 당장 모여!!
아, 차이나타운!

찬영   가자.
미조   장주희 씨 열일 한다.

찬영이 걸어가고, 미조가 나란히 걷다가 팔짱을 낀다.
사람들 다 미친 거야 뭐야 본다.

4.   차이나타운 안 (낮)

점심 손님이 빠져나간 한가한 홀. 현준과 혜진이 아이스커피를 마시고
있다.
전화가 온다. 현준이 받는다.

현준	네 차이나타운입니다. 안녕하세요. 네네. 저녁이요?
주희(F)	제일 비싼 거 주세요. 완전 맛있는 거.
현준	생일이신가?
주희(F)	그건 아니구요. 어… 저 복권 당첨됐거든용!
현준	와우~! 오늘 저녁에 뭐질 좀 해야겠네요. (듣는다) 네네.
	(듣는다) 네에~!!

다시 와서 혜진 앞에 앉는 현준.

혜진	여기서 생파한대?
현준	아니. 생일은 아니고. 생파는 우리 혜진이가 해야지.
	오빠가 맛있는 거 해줄게 친구들 데리고 와!
	그날은 문 닫지 뭐!
혜진	(난처함을 감추며) 가게를 왜 닫아, 매년 오는 생일이 뭐라고.
	그냥 친구들 몇 명이랑 맥주나 마시고 말거야.
현준	여기서 마셔. 저 봐라 맥주 꽉꽉 차 있잖아.
혜진	아니야, 별로 많이 마시지도 못해 다들. 신경 쓰지 마 오빠.

생긋 웃는 혜진. 현준도 웃는데 뭔가 찝찝하다.

5. 제이피부과 선우 진료실 (낮)

환자를 보고 있다. 환자 나가면 미현이 들어온다.

미현	훈남 선생님 온 거 소문이 났나 봐요? 손님들 유난히 많네.

선우	차 원장님은 오늘 못 오시죠?
미현	벌써 미국 간 거 같아요. 진료를 놔버리네.
선우	준비할 게 많은가…?

선우, 모른 척해주며 웃는다. 미현 나간다.
남은 선우, 미조에게 전화가 온 게 없나 본다.
문자도 없다. 흠… 문자를 보낸다.

문자 인서트/
병원은 걱정하지 말아요.
찬영 씨랑… 병원 갔다 왔어요?

걱정인 선우. 전화가 온다. 반갑게 보면 친구다.

선우	어, 석훈아. 진료 중이야. 급해?
친구(F)	밥이나 먹자. 술 한잔하든가.
선우	요즘 왜 이렇게 날 찾아?
친구(F)	할 말이 있어. 이번 주 중에 시간 좀 내.
선우	그래 알았어. 전화할게. 나 진료 들어가. (듣는다) 그래그래.

선우 서둘러 끊고 레이저 치료실로 이동한다.

6. 　　소원의 오피스텔 안 (낮)

작은 원룸 오피스텔. 술 깨는 약, 핸드백이 널브러져 있고.

지난밤 복장인듯한 원피스 차림, 화장도 지우지 않은 소원의 얼굴이 보인다.

잠에서 깨어나는 소원. 마스카라가 번져 엉망이다.

겨우 일어나 냉장고에서 생수 꺼내 마시고 베란다 난간에 기대선다.

내려다보는 모습이 위태롭다.

7.　　　주희 집 주희 방 (밤)

주희, 당첨된 복권을 들고 또 보고 또 보고. 기분이 아주 좋다.

책상 서랍을 열면 통장이 여러 개 보인다. 그 사이에 복권을 구겨지지 않게 잘 펴서 끼워둔다. 뿌듯하다.

8.　　　차이나타운 안 (밤)

식당 안은 손님들로 테이블이 제법 찼다.

창가 자리에 앉아 기다리는 주희.

현준이 잠깐 홀로 나와서 주희 곁으로 온다.

현준	구경 좀 시켜줘 봐요. 나 한 번도 못 봤어 당첨된 거.
주희	집에 있는데요.
현준	아… 저기 뭐냐, 복권 살 때 무슨 꿈 꿨어요? 돼지? 똥?
주희	아무 꿈도 안 꿨는데요.
현준	진짜요? 내 친구는 오줌이랑 똥이 막…

주희가 아이… 드럽게… 현준을 본다. 현준, 오 쏘리… 웃는다.

9.   차이나타운 앞 (밤)

유리창 너머로 신난 주희와 현준이 보인다.
미조와 찬영 잠시 서서 그들을 본다.

찬영   오늘은 말하지 마.
미조   어떻게 더 숨겨.
찬영   저 얼굴 봐라. 세상 해맑잖아.
미조   그 마음으로 널 좀 보지 그래.

답답해하는 미조. 주희가 이들을 발견한다. 손을 흔든다. 현준도 환하게
웃는다.

찬영   나 이 말 하면 너 또 지랄할 거 같아.
미조   뭐. 쟤네 둘이 잘 어울린다고?
찬영   (미조 보며 피식) 이렇게 잘 통하는데 왜 항암치료가지고 지랄일까….
         니가 남자로 태어났잖아? 나 너랑 백퍼 결혼.
미조   (출입문으로 가며) 치료 거부하는 인간이랑 안 살아.
찬영   나도 골프에 미친 애랑 안 살아!

미조가 들어간다. 찬영이 쓸쓸하게 투덜거린다.

찬영   너랑 살았으면 안 아팠겠지….

찬영도 들어간다.

10.   차이나타운 안 (밤)

요리가 가득하다.
주희 신나서 떠든다. 찬영과 미조는 웃으며 듣기만 한다.

주희   알지, 나 운발 그런 거 없는 거. 난 상품평 써도 당첨된 적 한 번도 없거든.
        라디오 사연을 그렇게 보내도 한 번도, 진짜 한 번도 안 뽑히더라고.
        와… 나한테 이런 행운이 온다, 그치?
        두고두고 쌓여서 한 방에 온 건가?

        주희, 신난다. 고량주 잔을 비운다. 찬영과 미조의 잔을 본다.
        미조가 찬영의 고량주를 마셔버린다.

찬영   너 그거, 750? 그거 받으면 뭐 할 거야?
주희   오늘 밥 사고, 엄마 선물 사주고. 저금해야지.
찬영   저금… 야 그냥 질러.
주희   내가 남편이 있어 자식이 있어. 돈이라도 모아놔야지.
찬영   너 통장 졸라 많잖아. 또 모아? 백 하나 사.
주희   들고 나갈 데도 없어.
찬영   들고 나가야 건수가 생기지.

        미조는 웃으며 이야기를 듣기만 한다.
        주희, 찬영과 미조의 잔에 술을 채운다.

건배하자고 잔을 드는 주희. 이번에도 미조가 찬영의 잔을 가로챈다.

주희   찬영이 오늘 왜 안 마셔?

찬영   한 잔은 괜찮아.

미조   안 돼.

주희   왜 그래?

미조   얘 컨디션이 좀 안 좋아 보여서.

주희   왜, 어디 아파?

찬영   그냥….

주희   니들 진짜 좀 그래.

미조   어?

주희   그렇잖아. 맨날 중요한 건 니들이 먼저 알잖아.

찬영   언제 그랬어.

주희   자잘하게 그래. 기억도 안 나.

미조, 생각을 한다. 찬영은 눈치를 준다. 주희, 뭔가 이상하다.

미조   주희야, 찬영이 아파. 많이 아파.

찬영   야 쫌! 오늘 주희 기분 째지는 날인데 왜 그래!

주희   …. 말해.

미조   …. 지난번에. 너 찾아간 날. 백화점에.

주희   그래. 그날 너 이상했어.

미조   그때 상의하려고 했는데…. 다음 날 엄마 병원 간다고 해서….

주희   뭔데 말을 못해. 심각해?

찬영   …. 나 암이래.

주희   멍…. 눈만 깜박… 깜박….

주희   우리 엄마도 암이었어. 다 나았잖아.
찬영   난 심각한가 봐.
주희   얼마나.
찬영   ….
미조   ….
주희   얼.마.나.
찬영   6개월 정도.
주희   (심하게 흔들리는 눈) 뭐가.
찬영   살 날이.
주희   …. 놀리는 거면… 둘 다 죽일… 혼나.
미조   찬영이 설득 좀 해. 항암치료 안 받는대.
주희   …. 진짜구나….

셋 다 말이 없다.

cut to.
주방 안.
침울하게 있는 세 여자를 보는 현준.

현준   뭐야… 당첨 취소된 건가…?

11.   차이나타운 앞 (밤)

세 친구 서성이고 있다. 주희가 담담하다.

주희   이제 찬영이 동네에서 모여. 우리 엄마 다 나은 지가 언젠데 아직도 이
        동네야.

주희 터덜터덜 집으로 간다.

미조   가~!

주희, 손만 들어 보이고 앞만 보고 간다.

12.   회상 — 실로암분식집 안 (낮)

가게를 정리하는 스무 살 주희. 미조와 찬영이 돕고 있다.

미조   엄마 수술 잘 됐다며. 회복되시면 다시 가게 하시겠지?
찬영   엄마 떡볶이가 젤 맛있지.
주희   너넨 학교 안 가냐?
미조   방학이야.
찬영   난 휴학했어.
주희   1학년이 왜 휴학을 해?
찬영   너랑 놀려고.
주희   학교 다니면서 놀면 되지. 내 평계는.

찬영	우리 이제 고척동에서 놀자.
미조	나 버스 한 번에 오는 거 있어.
주희	아 왜!
미조	엄마 옆에서 놀아야 니가 맘 편하잖아. 우리도 그게 맘 편해.
찬영	술집을 뚫자. 호프집 없나?
미조	저 아래 노가리집 있더라?
찬영	노가리 별론데.
미조	그냥 먹어 씨⋯.

주희가 훌쩍인다.

미조, 찬영	아 왜 또~!!
주희	고마워⋯ 니들밖에 없다⋯. 나 엄마 간호 잘 할게!!

울고 지랄이야⋯ 등등.

13.   도로 (밤)

미조의 자동차 앞이다.

미조	기다려. 기사님 금방 온대.
찬영	그냥 가. 나 택시 타고 갈 거야. 피곤해.
미조	그러니까 데려다준다고.
찬영	야, 나 오늘 죽어? 그만해⋯.
미조	자꾸 말 그렇게 할 거야?

| 찬영 | 알았어. 안 할게. 택시 온다. |

택시를 잡아타고 창문을 열어 바이바이하는 찬영. 택시가 간다.
미조, 혼자 남으니 멍하다. 하….
대리 기사를 기다린다. 핸드폰을 연다. 문자가 와 있다. 선우의 문자.
통화를 한다.

| 미조 | 문자를 이제 봤어요. 병원 바빴어요? |
| 선우(F) | 원장님 없으니까 환자 더 많아요. |

14.   제이피부과 선우 진료실 (밤)

선우, 통화 중이다. 교차로 보여진다.

미조	고생했겠어요.
선우	어디예요?
미조	주희네 동네. 이제 가려구요. 어디예요?
선우	병원이요.
미조	왜 아직….
선우	정체 좀 풀리면 간다는 게.
미조	…. 기다릴래요?
선우	그럼 반갑죠 난.

전화를 끊는 미조. 대리 기사가 온다.

대리 기사	반포 가시죠?
미조	청담동으로 갈게요.

15.　　제이피부과 로비 (밤)

미조가 들어온다. 은은한 부분조명만 들어와 있는 로비.
선우가 차를 내려놓고 기다리고 있다.
로비 소파에 마주 앉는 미조와 선우.

선우	오늘 정신없었죠?
미조	(웃고 만다)
선우	찬영 씨는⋯ 어때요? 결과가⋯.
미조	⋯. 췌장암 4기래요.
선우	⋯. 큰일이네⋯.
미조	찬영이가 항암치료를 거부해요. 이해는 가는데⋯ 그렇다고 손 놓고 있을 수도 없잖아요. (차를 마신다) 이 와중에 주희가 복권이 당첨됐어.
선우	아이고⋯. 주희 씨도 타이밍 되게 안 맞는다. 아, 주희 씨도 이제 알아요?
미조	네. 오늘 다 이야기했어요.
선우	좋은 날 슬펐겠어.
미조	서운해해요. 나중에 알았다고.
선우	그럴 수 있죠.

미조는 피곤하고 다운되어 있다.

선우	힘들죠?

미조	…네.
선우	어떻게 도와야 할지 모르겠어요.
미조	내 일인데 뭐.
선우	서운해.
미조	(본다)
선우	하루 종일 걱정했어요. 찬영 씨랑 병원에 잘 갔나. 결과는 어떤가. 친구 괴로워하는 걸 지켜보는 미조 씨는 어떨까. 걱정 했는데, 남 일이라고하는 거 같아서 서운해요.
미조	내가… 걱정돼요?
선우	당연하죠.
미조	왜?
선우	…고백했잖아요. 당신 좋아한다고. 타이밍이 별로였지만.
미조	(찻잔을 만지며) 어려워 인생이.
선우	….
미조	…. 좀… 설레거든요. 선우 씨가 그런 말 막 하면… 기분이 좀…. 근데 내 친구가 많이 아파. 슬퍼 죽겠어… (눈물 그렁) 너무 어려워.

선우, 너무 안타깝다. 미조 곁으로 가 앉는다.
자연스럽게 안쓰러운 미조를 안아 토닥인다.
미조, 지금은 거부하지 않고 선우 품에서 눈을 감는다.

미조	오늘… 처음으로… 편하네.

미조를 따뜻하게 다독이는 선우.

16.   제이피부과 복도 (밤)

미현이 온다. 핸드백을 뒤적인다.

미현   지갑은 어따 둔 거야. 아 잃어버렸으면 골치 아픈데….

병원 앞에 선다. 유리문으로 안이 보인다.

미현   불 안 끄고 퇴근… (헉)

병원 로비에 있는 미조와 선우를 본다. 미조가 선우 품에 안겨 있다.
오…. 조용히 고양이 걸음으로 종종 물러나는 미현.

17.   택시 안 (밤)

미현 피식피식. 전화를 건다.

미현   엄마. 나 집으로 가고 있어. 전화하면 나와서 택시비 좀 내줘.
       지갑이 없어졌어.
미조 모(F) 지갑 잃어버린 애가 기분이 왜 이렇게 좋아?
미현   그니까. 괜히 좋네.

18.   차 교수 집 거실 (밤)

미현을 데리고 들어오는 미조 모.

미조 모   카드랑 신고는 했어? 어디 있다가 이제 알았어 지갑 없는 걸!
미현   병원 앞에서 친구랑 밥 먹고 커피를 딱 마시려는데 없는 거야. 밥값은
        개가 냈거든.
차 교수   소주 한잔할래?
미현   그르까?
미조 모   둘 다 하여튼. 너 신고해 얼른~! 카드랑 다 어떡할 거야?
미현   병원에 있을 수 있어.
미조 모   그럼 병원에 가보지 일루 와?
미현   못 가. 못 들어가.
미조 모   왜?
미현   그냥 그래. 나중에 설명할게. 아빠 안주는?

차 교수 이미 주방에 가서 세팅 중이다.

19.   선우 자동차 안 (밤)

미조 집 앞에 내려주는 선우.

선우   내일 어떻게 출근할 거예요? 데리러 올까요?
미조   아니요. 내일 찬영이한테 바로 갈 거 같아요.
선우   차 필요할 텐데. 이거 주고 갈까?

미조	택시 많아요. 내일도 잘 부탁해요.
선우	병원 걱정은 하지 말아요. 하나라도 덜어야지.
미조	고마워요.
선우	잘 자요.

미조, 고마운 얼굴로 잠시 선우를 본다.

20.　　주희 집 주희 방 (밤)

세수를 하고 화장대에 앉아 멍한 주희.
스킨을 바르는데 계속 눈물이 난다. 반복해서 얼굴을 두드린다.

21.　　미조 집 거실 (밤)

어두운 거실로 들어오는 미조.
불을 켜고. 그대로 소파에 앉는다. 피곤하다.
눈을 감고 있는데. 눈물 한줄기가 흘러내린다.

22.　　찬영 집 거실 (밤)

찬영, 핸드폰을 들고 있다. 떠 있는 연락처는 [엄마]
차마 통화 버튼 못 누른다.
고개를 푹 숙이고 있다가 다시 연락처에서 진석이를 찾는다.

이것도 누르지 못한다.

그대로 바닥에 누워 멍하다. 눈물도 나지 않는다.

23. 진석 집 안방 (밤)

진석과 선주가 서로 완강한 얼굴로 대치 중이다.

선주   이혼? 절대 못 한다고 했잖아.
진석   변호사랑 얘기하자.
선주   여보!!
진석   나 주원이 방에서 잘게. (나가려는데)
선주   무슨 뜻이야?

진석이 돌아본다.

선주   당신이 한 말, 내가 몰라서 가만히 있는 거 같냐… 무슨 말이야.
왜 이상한 말을 던져서 숨통을 조이냐고!

진석, 목소리를 낮춰 조용히 이야기한다.

진석   오해하지 말고 들어. 내가 당신이랑 헤어지겠다는 건, 내 문제야. 다른
이유가 아니야.
선주   알아듣게 얘기 해.
진석   주원이 문제가 아니라고.

선주, 두려움에 떤다.

진석	주원이가 있어서 지금까지 산 거야. 아이는… 건강하게 자라야 하니까.
선주	무슨 말이야.
진석	알잖아. 본인이 제일 정확하게 알잖아.
선주	여보!
진석	목소리 낮춰. 주원이 깨.
선주	난 무슨 소린지 모르겠는데.
진석	당신. 주원이. 한 번이라도 따뜻하게 대한 적 있어?
선주	내가 뭘 어쨌다고 그래.
진석	당신이 주원이 바라보는 눈빛. 당신만 못 보지.
선주	….
진석	부담스러워 하잖아. 술이라도 한잔하면 거부하는 눈빛으로 애를 보잖아.
선주	글쎄.
진석	왜. 주원이가 무슨 죄가 있어.
선주	다음에 얘기해.
진석	나도 더 말 안 해. 그러니까 조용히 이혼해.
선주	여보 제발….
진석	당신이 나 사랑하는 거 뭐라고 안 해. 고마워. 근데, 당신이 아이를 임신하고 온 게 아니었으면, 나 결혼 안 했어.
선주	그래서. 애 때문에 살았다는 거야? 그래. 그런 거였으면 애 봐서 계속 살지 왜 갑자기 이혼이야. 그 기집애 때문에?
진석	말 험하게 하지 마. 나도 주원이도 찬영이도. 다 피해자야. 사과를 해야 되는 거야 너.

진석, 분노의 눈빛. 선주는 점점 두렵다.

진석　주원이는 내가 키워. 다른 거 달라면 다 줄게. 집도 땅도.

진석, 나가려는데.

선주　(차갑다) 다 아는 거 같은데.

진석, 멈춰 선다.

선주　언제부터 알았어? 무서운 사람이네.
진석　무서워. 내가 무서워…?
선주　애를 왜 당신이 키워. (사이) 당신 아들도 아닌데.

진석, 이제야 참았던 세월이 올라와 눈물이 그렁그렁하다.

진석　내 품에 온 아이면. 내 아이야. 주원이 귀에 들어가게 하면.
빈털터리로 나가게 될 줄 알아. 너 주원이 키울 자격 없어.

진석 차갑게 나간다.
선주, 절망과 두려움과 분노에 침구들을 마구 집어던진다.

24.　진석 집 주원 방 (밤)

진석, 자고 있는 주원이를 내려다본다.
안타깝다. 주원이 깬다.

주원	아빠….
진석	옆으로 좀 가. 아빠 졸려.
주원	엄마랑 싸웠어?
진석	어. 아빠 좀 재워줘.

주원 자리를 내준다. 진석, 주원과 함께 눕는다.
주원은 이내 잠이 들고 진석은 마음이 복잡하다.
주원이를 꼭 안고 잠을 청한다.

25.   차 교수 집 주방 (밤)

취기가 오른 미현. 차 교수와 미조 모 눈이 휘둥그레진다.

미조모	너 진짜야? 잘못 본 거 아니야?
미현	노노노. 나 시력 1.0, 1.2! 있잖아 아빠.

얼른 차 교수 옆으로 재연해 보이며.

미현	이러고 끌어안고 막. 어? 토닥토닥… 그 스냅이 뭐랄까?
	하루 이틀 그런 서툰 스냅이 아니었거덩. 이미 찐한 사이. 팍! 왔어.

다시 자리로 오는 미현.

차 교수	사람은 괜찮아?
미현	완전 괜찮아. 내가 남자 보는 눈 있는 거 알지?

미조 모	없는 건 알지.
미현	아 진짜… 암튼. 김선우 성격도 좋고. 미국에서 공부했고.
	집도 앵간 사는 거 같아.
미조 모	앵간 사는 게 중요하니? 인품이 좋아야지.
미현	엄마도 딱 보잖아? 나 법 없이도 살아요~ 딱 써 있어. 얼굴에.
	내가 쭉 봤는데 사위로 들일 만해!
차 교수	우리 미조 데리고 미국으로 가는 거 아니야??!! 이런 확….
미현	노노노. 다시 들어갈 생각 있으면 여기 와서 그 어려운 국시까지 다시
	봤겠어? 눌러 앉으려고 한국 의사 면허 다시 딴 거지.
미조 모	내가 병원을 함 가봐야 알지.
미현	아니지~! 미조 성격 몰라? 우리가 눈치챈 거 알면 다 된 밥에 지가 재
	뿌릴 애라고!
차 교수	그럴 수 있지. 당신 가지 마. 가만…히 둬.
	절대 섣부르게 나서지 마시오!

차 교수의 결단의 얼굴.

26.   제이피부과 선우 진료실 (낮)
_____

선우의 당황스러운 얼굴. 앞에 차 교수 앉아 있다.

선우	어디가 불편하신지….
차 교수	아. 내가 무좀이 좀 있어서요.
선우	한번 볼까요?

차 교수, 양말을 벗어 보인다. 선우, 발가락을 살피는데.
차 교수는 선우 얼굴을 살핀다. 선우와 애매하게 눈이 마주친다.

선우   별 이상은 없는 거 같은데….
차 교수   아. 이쪽 발인가?

다른 발 양말 벗어 보인다. 선우는 살피고, 차 교수는 선우 살피고.
또 애매한 각도에서 눈이 마주치고.

선우   이쪽도 별다른….
차 교수   역시 명의십니다. 환자 보는 눈이 있으시네.
선우   네?
차 교수   다 나았다는 말씀이죠? 그걸 알아보시고. 슈바이처가 나타난 줄 알았습
         니다. 허허허허!!
선우   아… 하하… 아하하….

이게 뭐지… 미현이 불쑥 들어온다. 놀란다.

미현   아빠??
선우   !!!
차 교수   어 큰딸!
미현   (아휴…) 얼른 나와, 나와. 아 왜… 진짜 몰라….
차 교수   너 지갑 찾았나 걱정이 돼서 왔지.

선우 벌떡 일어나 90도 인사를 한다.

선우	차 원장님 아버님이세요?
차 교수	편하게 불러요. 편하게. 차 원장은 너무 딱딱하다. 그치 차 실장?
미현	차 실장이 더 딱딱해. 빨랑 나가자, 빨랑.

차 교수 팔짱 끼고 나가는 미현.
차 교수 끝까지 미소로 돌아보며 끌려 나간다.
선우, 이 상황 뭐지… 하다가 웃는다.

27.   찬영 집 주방 (낮)

미조가 브로콜리 삶은 것과 버섯 삶은 것에 드레싱 넣어 샐러드 만들고
있다.

찬영	그걸 나 먹으라고?
미조	어. 몸에 좋아.
찬영	몸에 좋은 맛있는 걸 내놔.
미조	(하나 먹어보고) 맛있어.

찬영을 의자에 앉히는 미조. 샐러드를 접시에 담아준다.
찬영, 욱해서 뭐라고 한다.

찬영	병원 출근 안 해?
미조	능력자 김 닥터 있잖아. 나 없으니까 손님 더 많아.
찬영	미국 언제 가, 너. 당장 가 쫌!
미조	숙소 찾고 있잖아 지금. 집이 다 별로야. 너무 비싸.

찬영	내 돈 줄게. 가. 가 그냥.
미조	내가 알아서 할게. 야, 심심한데… 너 병원 갈래?
찬영	뒤질래?
미조	아니.
찬영	너 땜에 스트레스받아서 더 아플 거 같아. 가 쫌!
미조	(벌떡 일어나) 컨디션 안 좋아??
찬영	니가 안 좋아 지금~!!

찬영, 외출 준비를 서두른다.

미조	어디가!
찬영	레슨!
미조	레슨. 그래. 회사를 당분간 정리를 좀 해야 되겠다. 그치?
찬영	우리 배우들한테 헛소리 하지 마 너.
	놀다 가라.
미조	같이 가~!!

28.   미조 자동차 안 (낮)

미조가 운전하고 있다.

미조	미국 가기 전까지 내가 너 기사 해줄게. 매니저.

찬영, 진지하게 부른다.

찬영	미조야.
미조	어….
찬영	시간을 줘야지…. 나도 뭐가 뭔지 모르겠어. 생각할 시간을 좀 주지 그래.
미조	미안…. 시간을 좀 주면… 치료받을 거야?
찬영	아니. 그건 안 변해. 나 하루를 살아도 평범한 하루로 살고 싶어.
	내 소원이니까 더 말하지 마.
	니 일 해. 너 내 옆에 이러고 있으면… 나 정말 곧 죽는구나 싶어서 더
	다운돼. 내 말 서운해?
미조	…. 아니.
찬영	그럼 세워.
미조	어?
찬영	내려서 택시 타고 갈 거야. 심심하면 주희 백화점에 가든가.
	애 처울고 있을 텐데.

29.   백화점 직원 휴게실 (낮)

주희, 코가 빨갛다. 눈이 부었다. 동료에게 전화가 온다.

동료(F)	언니 언제 교대할 거야?
주희	5분만.
동료(F)	5분만이 지금 30분째야!
주희	지금 갈게.

일어나는데 또 눈물이 터져서 주저앉는다.

30.   차이나타운 안 (낮)

현준이 생일 선물 포장한 걸 보며 흡족해한다. 혜진에게 전화를 건다.

현준   어 혜진아. 생일 파티 준비는 잘 하고 있어? 몇 시부터 해?
        (듣는다) 그래, 재밌게 화끈하게 놀아!! 그래~!!

현준, 전화를 끊고 다시 혜진의 친구에게 전화를 건다.

현준   안녕~! 오늘 혜진이 생파 가지? 어디서 해? (듣는다) 아니… 혜진이 깜
        짝 놀라게 해주고 싶어서.
        잠깐 선물만 주고 쿨하게 빠지지 뭐.
        (듣는다) 응. 응. 그래 고맙다. 아, 혜진이한테 말하지 말고. 오케이~

기분이 좋은 현준, 종이에 뭐라고 쓴다.

31.   차이나타운 밖 (낮)

[재료 소진으로 오늘 영업을 마감합니다] 붙어 있다.

32.   차 교수 집 거실 (낮)

차 교수 싱글벙글. 미조 모는 궁금해 죽는다.

미조 모	나보고 가지 말라고 해놓고 당신은 간 거야? 사진이라도 한 장 찍어 오지.
차 교수	초면에 당황하게 사진을 어떻게 찍어. 눈에 담아뒀지.
	첫인상은 괜찮아. 우리 딸이 사람 보는 눈이 있어!
미조 모	잘생겼어?
차 교수	음… 잘생겼어. 젊었을 때 나 보는 느낌? 사진 보는 줄 알았어. 내 사진.
미조 모	정년퇴직하니까 심심하지? 점점 이상해져 쯧….
차 교수	나보고 알랭 들롱이라고 쫓아다닌 여자가 당신이야~!
미조 모	그니까 내가 눈이 삐었지!
차 교수	어허 사람 참… 저녁에 수제비 해줄 건가?
미조 모	사골 끓이는 거 안 보여요?
차 교수	사골 수제비도 좋지.

차 교수 귀엽다.

33. 제이피부과 원장실 (낮)

미조는 가운을 입지 않고 멍하게 모니터를 보고 있다.
췌장암 투병기를 찾고 있다. 기분이 너무 다운된다.
장식장에 있는 이글패를 본다. 골프….
메일이 들어온다. 열어보면 미국 부동산업체에서 보낸 안내 메일.
괜찮은 집들 사진이 가득하고 영어로 뭐라고 뭐라고.
미조, 아… 머리가 아프다.

34.   제이피부과 복도 (낮)

선우가 지나가다가 원장실 안 미조를 본다.
책상에 엎드려 있는 미조.

35.   게임기 매장 안 (낮)

선우가 게임기를 산다.

남자 직원   저도 여자 친구랑 이 게임 자주 해요. 시간 정말 빨리 가요.
선우   그래요?

선우, 기분 좋은 얼굴로 게임기를 본다.

36.   파티 룸 안 (저녁)

혜진이 생일 파티 중이다. '27' 풍선이 붙어 있다.
여자 친구들과 남사친 두어 명. 신나게 사진 찍고 마시고 논다.
이때, 현준이 등장한다. 혜진 깜짝 놀란다.

혜진 친구   오셨어요! (혜진에게) 오빠랑 나랑 깜짝 이벤트 준비했지롱!
혜진   (얼굴이 난색인 채로 웃으며) 말을 좀 해주지….
현준   안녕하세요!

친구들 반갑게 인사한다. 혜진 옆자리 비워주는 친구들. 나이 차이가 참 많이 난다.

현준   눈치 없이 잠깐 들렀어요. (혜진 보며) 잠깐 선물 주고 가도 되지?
혜진   아니!
현준   (당황)
혜진   신나게 놀고 가야지 오빠도~!

현준 금세 기분이 좋아진다.
현준이 들고 온 선물은 딱 봐도 명품 백 쇼핑백이다.
열어보라고 난리인 친구들. 열어보면 명품 백이다. 혜진 신나한다.
현준도 기분이 좋다.

혜진 친구   역시 한국호텔 수석 셰프 스케일~! 오빠 저도 호텔 셰프 소개해주세요~.

순간, 혜진이 당황한다. 현준, 아… 알 거 같다. 자신은 아직 호텔 수석 셰프로 되어 있다.

현준   이태리 쪽? 아니면 한식?
혜진 친구   전… 일식?
현준   아 거기 셰프들 나보다 별론데.

현준, 기분을 맞춰주며 농담을 한다. 혜진이 미안해서 현준의 팔짱을 낀다.
혜진의 손을 토닥이는 현준.

37.   제이피부과 원장실 (저녁)

퇴근 준비를 하는 미조. 주희에게 전화를 건다.

미조   찬영이 만나러 갈 거지? 같이 가자.
        레슨실 앞이라고? 알았어 나도 갈게.

38.   연기 레슨실 (저녁)

진석이 찬영과 조용히 마주 앉아 있다. 서로 말을 못 꺼내는 분위기다.
이때 주희가 두 손 가득 쇼핑백이며 봉지 들고 들어온다.
주희, 진석을 보더니 놀란다.
찬영이 눈치를 준다. 아무 말 하지 말라고.

주희   아이고. 오빠 와계시는구나….
진석   야… 뭐가 이렇게 많아?
주희   어… 이거 저기… 우리 엄마 거 사다가 찬영이 생각이 나가지구.
진석   뭐야. 영지버섯… 유산균… 차가버섯…
찬영   기력 딸린다니까 저딴 걸 사 왔네. 미조나 줘!
주희   나눠 먹을라고 많이 산 거야.

        셋이 어색하다.

주희   나는 미조를… 만나러 가볼게. 어.
진석   같이 저녁 먹자.

주희	저요?
찬영	주희 다이어트해.
주희	네 다이어트해요. 그럼 담에 또 뵐게요….

주희, 어색하게 종종 나간다.

39. 제이피부과 원장실 (저녁)

막 나가려는 차에 주희에게 전화가 온다. 레슨실 앞 주희, 교차로 보여
진다.

주희	오지 마. 진석이 오빠 와 있어서 나도 나왔어.
미조	진석이 오빠? 아 또 애 스트레스 주는 거 아니야?
주희	시간을 줘야지 저기도….
미조	넌 어디 갈 거야. 내가 갈까?
주희	미조야. 나 너무 울어서… 사실 기운 달려. 가서 자고 싶어.
미조	그래. 좀 쉬어. 너까지 아프면 안 돼.
주희	너도 잘 먹고…. 잘 자.
미조	…. 응.

미조 원장실. 미조, 다시 자리에 앉는다. 딱히 뭘 해야 할지 모르겠다.
이때, 노크 소리. 선우가 서 있다.

미조	일찍 퇴근하지 않았어요?
선우	외출이었는데? (싱긋) 갑시다!

의아한 미조.

40.　　선우 동네 길 (밤)

선우, 싱글싱글 운전 중이다. 미조, 어딘지 감 잡고.

미조　왜 여기로 와요? 선우 씨 동네잖아.
선우　우리 집에 가는 거니까.
미조　(놀라서) 왜??
선우　기다려봐요, 후회 안 해.
미조　나 내릴래.
선우　에헤… 일단 가보고 정해요. 나한테 또 반한다. 백퍼.

미조, 이 근자감 뭐지? 일단 기다려본다.

41.　　선우 집 안 (밤)

미조, 현관 입구에서 선뜻 들어서지 못하고 있다.
선우, 어라… 미조 손을 잡아 들어오게 만든다.

선우　긴장하는 이유가 뭐지?
미조　뭐 하려고 하는 건지 말해요. 생각해보고 별로면 갈 거야.

선우, 안 되겠군. 거실에 TV를 켠다. 그리고 게임기를 켠다.

미조, 뭐지?

선우	게임 한 판 해요. 만 원 빵!
미조	저기… 내가 게임할 기분도 아니고.
선우	한 판만 해봐. 그리고 별로면 나가서 달리기나 합시다!
	재밌게 게임할래요, 빡세게 달리기할래요?

선우, 미조를 데려다 소파에 앉힌다.

선우	피시방보다 푹신하고 좋잖아, 그죠?
미조	(피곤했는지 머리를 기대며) 아… 편하긴 하다.
선우	(옆에 앉아 게임 세팅하며) 진짜 재밌대. 요즘에 젤 잘나가는 거래.
	(지갑에서 만 원 딱 내놓고) 미조 씨도 내놔요.
미조	나 내기 걸면 진지해져요.
선우	잃고 울기 없기. 딴 돈 반만 돌려줘요 그런 거 사절이에요.

미조, 참나… 재킷을 벗고 만 원을 꺼내 놓는다.

미조	피시방 끊은 지 오랜데. 병원 경상비 벌게 생겼네.
선우	게임기값 오늘 다 벌겠는데?

미조, 전투력을 올린다. 두 사람 게임기를 들고 시작을 기다린다.
게임이 시작된다.

미조	뭐야, 바로 시작해? 나 이거 처음인데!
선우	난 뭐 해봤나? 어~~! 아싸!!

미조   아 뭐야~!!

미조, 게임 룰을 익혀나가며 집중한다. 미조가 점점 꽤 잘한다.
선우, 좀 당황한다. 선우도 매우 집중해서 살벌하게 게임을 한다.
한동안 정신없이 게임하는 두 사람.
만 원 두 장을 쓸어가는 선우. 신난다.
다시 게임. 만 원 두 장을 다시 걷어가는 미조.
다시 게임. 만 원 두 장을 다시 걷어가는 선우.

/기진맥진한 미조와 선우. 영혼을 불태웠다.
테이블엔 만 원 두 장.

선우   왜 게임을 잘해?
미조   네?
선우   공부 안 하고 게임만 했어요?
미조   피차 마찬가지 아닌가?
선우   오랜만에 최선을 다했어. 배고프죠?
미조   뭐 쫌….
선우   피시방 가면 뭐 먹었어요?
미조   컵라면, 삼각김밥… 아, 핫바!
선우   (일어나 주방으로 가며) 예상을 벗어나질 않는구나.

미조, 선우를 지켜본다.
선우, 컵라면을 꺼내고. 냉장고에서 삼각김밥을 척척.
미조, 슬슬 놀란다.

선우	아직 설레지 말고.

선우, 냉장고에서 핫바를 꺼내 척척! 미조, 기가 막히고 웃긴다.

선우	(싱긋) 후회 안 한다고 했잖아요. 핫바 데울까?
미조	(싱긋) 너무 뜨거우면 맛없어.
선우	핫바 좀 먹어본 누나구나?

기분이 좀 나아지는 미조. 긴장도 걱정도 잠시 사라져간다.

42.　　선우 집 주방 (밤)

준비한 인스턴트 음식을 거의 다 먹은 두 사람.
배가 불러서 아무 생각이 없는 듯하다.

미조	내일 얼굴 붓겠다.
선우	맛있게 먹어서 안 부어요.
미조	우리 언니랑 잘 맞을 거 같아. 사고가 똑같아.
선우	어쩐지… 뵐수록 친근감이 들더라. (하다가) 아 맞다. 낮에… 미조 씨 아버님 다녀가셨어요. 병원에.
미조	(에??) 우리 아빠가요? 언니 만나러 오셨나…?
선우	저한테 진료 보고 가셨는데?
미조	(놀란다) 우리 아빠 어디 아파요??
선우	아버님께서. 무좀…? 다 나았냐고 발가락 보여주시더라구요?

미조, 아….감이 온다.

미조   차미현 진짜….
선우   네?
미조   아빠 또 장난치신 거 같다구요. 새로 온 의사 어떤지 궁금하셨나 봐.
선우   맘에 드신 거 같아. 엄청 웃고 가셨으니까. 내가 어른들한테 또 신뢰를
          주는 스타일. 알죠?
미조   글쎄.

잠시 대화가 멈춘다.

미조   외출한다고 나가서 이거 다 준비한 거예요?
선우   (웃는다) 재밌었죠?
미조   (서글프게 웃는다) 시간 가는 줄 몰랐어요. 어이없게….
선우   왜 어이가 없어요…
미조   그렇잖아요. 찬영이 생각에 입맛도 없었는데. 이거 다 내가 먹은 거잖아.
선우   그러라고 세팅한 건데? …너무 힘들어 보여서.

미조, 선우의 자상함을 느낀다. 선우를 바라본다. 고마운 마음.

선우   우리 엄마 얘기해줬나? 엄마가 1년을 앓으시다 돌아가셨거든요.
미조   ….
선우   그때 나랑 동생이랑 엄마 간호를 돌아가면서 했는데.
          이게… 보통 일이 아니더라구요. 마음이 안 좋으니까 입맛도 없고 운동
          이 뭐야, 계속 멍 타고만 살았지. 그러다 보니까 병이 나더라구요.
          며칠을 끙끙 앓었어. 엄마 걱정만 더 시켜드렸어요.

미조 씨. 아픈 사람 케어… 내가 힘이 나야 할 수 있어요.

미조, 가만히 시선을 내리고 선우의 배려에 차분해진다.

43.   연기 레슨실 (밤)

찬영과 진석이 이야기 중이다.

찬영   왜 같은 말을 계속 하게 만들어…. 나 이제 오빠가 그냥… 친오빠 같아.
        안 설레. 알아?
진석   충격인데? (웃는다) 내가 알아서 할게. 넌 그냥 신경 쓰지 마.
        알고는 있으라고 말하는 거야….
찬영   (아 미치겠다…) 왜 이제~! 진작 하지 그럼!!
진석   미안해… 나 우리 아들한테 아직 말도 못했어. 부모님도 난리 날 거고.
        너라도 잘한다고 해줘.
찬영   아니. 그냥 살아. 아무 의미 없어. 나 이제 오빠 책임 못 져!
진석   내가 애야? 책임은….
찬영   내가 미안해. 이혼 안 하냐고 투덜댄 거, 진짜 미안해. 진심 아니야.
        그니까 좀… 어?
진석   나… 쇼킹한 슬픈 비밀 털어놓을 거 있어.
찬영   …나도 있어.
진석   누가 더 쇼킹하고 슬픈지 내기 하면 이길 자신 있어.
찬영   내가 이겨…. 해봐.
진석   …. 주원이 있잖아.
찬영   (놀라며) 주원이 어디 아프니??!!!

진석	그런 건 아니고. (망설이다가) 주원이가… 네 살 때 알았어.
찬영	…?
진석	내 아들이… 아니라는 거.

찬영, 너무너무 충격이다. 벌어진 입이 다물어지지 않는다.

진석	왜 그때 나… 술 엄청 퍼마시고 다녔잖아? 그때야….
찬영	미치겠네… 주원이 알아?
진석	몰라. 계속 몰랐으면 좋겠는데… 언젠간 알겠지?
찬영	오빠 정말…. (미치겠다)
진석	그때 다 알겠더라고. 선주가 왜 주원이를 그렇게 차갑게 바라보는지.
	불안했겠지. 그 사람도 하루하루 지옥이었지 뭐.
찬영	그래서. 주원이 오빠 아들 아니라고 이제 와서 이혼해?
진석	주원이… 내가 데리고 나올 거야. 주원이 내 아들이야.
	유전자가 뭐가 중요해. 내가 기저귀 갈아주고 분유 먹이면서 키웠는데.
	그럼 아빠지.

찬영, 안타까운 얼굴로 진석을 바라본다.

찬영	너 어떻게 버텼나 김진석.
진석	진작 용기를 좀 냈음 좋았을 텐데, 그러기엔 주원이가 너무 어렸어.
	지금도 어리긴 하지 뭐.
찬영	내가… 오빠… 이런 사람이라 좋아하나 봐. 잘생기지도 않았는데.
진석	야, 빠지는 얼굴은 아니지. (웃고는) 이제 니 쇼킹하고 슬픈 얘기 해봐.
찬영	…. 오빠.
진석	(뭔가 이상하다) 무슨 일이야. 왜. 뭐야!

찬영	…나. 나 췌장암이야.
진석	!!!!!
찬영	4기래. 살 확률은 0.8퍼센트래.

손이 떨리는 진석. 입술이 덜덜.

FB (2화 S#63)/
미조 *(멱살을 잡고) 너 때문이고… 나 때문이야…. 우리 때문이야….*

아…. 이제야 모든 걸 알 거 같은 진석. 눈물이 펑펑 쏟아진다.
벌떡 일어나 이리저리 걸어 다니며 어쩔 줄 모른다.

찬영	거봐. 내가 이긴 댔잖아.

진석, 찬영의 무릎에 머리를 묻고 펑펑 운다.

진석	내가 대신 아파야 돼. 넌 안 돼. 넌 정말 안 돼….
찬영	그러니까 오빠… 이혼하지 마….

너무 슬픈 두 사람.

44.   차이나타운 앞 (밤)

주희, 지나가다가 금일 휴업 안내를 본다.

주희	재료 소진? 장사 잘 되네….

가게 안에 조명이 하나 들어와 있다.
주희, 두 손을 모아 눈에 대고 안을 들여다보는 주희.

주희	불도 안 끄고 영업 마감이니…?

갑자기 훅 들어오는 현준의 얼굴. 화들짝 놀라는 주희. 현준도 놀랐다.

45.   차이나타운 안 (밤)

짜사이와 단무지 놓고 술을 마시고 있었던 현준.
주희가 앞에 앉아 어색해한다.

주희	셰프가 안주가 이게 뭐예요. 왜 혼자 술을….
현준	그냥요. 아, 복권은 바꿨어요? 세금 얼마나 떼요?
주희	아직 은행 안 갔어요. 내일 쉬는 날이라… 가볼까 싶고.
현준	근데 그날 왜 그렇게 기분이 안 좋아 보였어요? 복권 날아간 분위기던데.
주희	(말을 돌린다) 지금 그쪽 기분이 더 안 좋아 보이거든요?

현준, 쓸쓸하게 웃는다.

현준	오늘 여자 친구 생일이거든요.
주희	엥? 그럼 같이 놀아야지 왜 여기 있어요?
현준	같이… 놀아주려고 했는데. 여친이 좀 난처해서.

주희	왜요?
현준	이 가게 차리기 전에 한국호텔에서 일했거든요.
	혜진이는 호텔 셰프가 좋은가 봐요. 친구들이 아직 내가 호텔 셰픈지
	알더라구요. 상관은 없는데. 혜진이가 미안해하는 게 안쓰럽기도 하고.

피식 웃는 현준. 주희, 일어나 알아서 술잔을 가지고 온다.
현준은 알아서 잔을 채워준다.

주희	호텔 셰프가 있어 보이지. 어려서 그래요. 나중엔 이해할 걸요.

둘 다 술을 마신다.

주희	나는 그날… 되게 기쁜 날인데. 되게… 슬픈 소식을 들었어요.
	(술잔을 채우며) 찬영이. 알죠?
현준	아, 멋진 누나?
주희	멋진 누나 찬영이가… 시한부래요. 췌장암 4기면….

주희, 차마 말 못 잇고 술잔을 비운다. 속상한 현준도 마신다. 두 잔에
술을 채우는 현준.

현준	우리… 가끔 이렇게 술 한잔씩 해요.
	난 여친 고민, 그쪽은 친구 고민… 가끔 털어놓으면 맘이 좀 낫지 않을까?
주희	왜 말 놔요?
현준	언제 놨어요?
주희	않을까? 했잖아요.
현준	혼잣말 같은 공감 유발. 그런 거잖아요. 진짜 깐깐해.

주희	뭐 또 큰누나 같다고요?
현준	그건 제가 깊이 뉘우치고 있습니다. 네….
주희	그래요. 가끔 한잔씩 해요. 이웃사촌, 단골 고객, 술 한잔할 만하네.
현준	거봐, 자기도 말 놓으면서. '할 만하네요'라고 안 하면서.
주희	아 뒤끝 정말….

알아서 비우고 알아서 서로 채워주며 술잔을 이어가는 주희와 현준.

46.　　미조 집 앞 (밤)

선우의 자동차가 선다. 미조 조수석에 있다.

선우	잘 자요. 푹 잤으면 좋겠다.
미조	오늘. 정말 고마워요. 정말.
선우	준비한 보람이 있어서 기분 좋다.
미조	덕분에 생각도 좀 정리된 거 같아요.

미조, 웃는다.

선우	미조 씨 전용 피시방이니까… 언제든 와요.
	먹고 싶은 거 미리 말하고. 편의점 털어 오게.
미조	그래요. 갈 때 운전 조심해요.

선우, 고개를 끄덕인다.

47.   미조 집 거실 (밤)

골프 관련 용품을 다 정리하는 미조. 박스에 넣어 닫는다.
퍼터 매트도 돌돌 말아서 묶는다. 다 끌고 베란다에 내다 놓는다.
땀이 잔뜩 난 미조.

미조   아 덥다.

욕실로 들어간다.

48.   은행 안 (낮)

주희가 복권 당첨금을 수령하러 왔다. 종이를 들고 서서 긴장 가득한데
기분이 이상하다. 한숨만….

49.   은행 앞 (낮)

개운하게 걸어가는 주희. 카톡을 남긴다.

카톡 인서트/
오늘 다 모여. 찬영이 레슨실로. 나 은행 다녀왔어. 알지?

50.   찬영 집 거실 (낮)

혼자 우울하게 있던 찬영, 톡 보더니 처음 웃는다.

찬영   복권? 좋겠네 장주희.

51.   차 교수 집 거실 (낮)

차 교수 부부와 미현을 불러 모은 미조. 비장해 보인다.

미현   왜 나까지 병원 두고 오라 그러지? 아주 중요한 발표 할 건가 봐?
미조   어.

다들 반색.

미조   나 심각한 얘기 할 거야. 마음에 준비들 하셔야 돼.

다들 반색.

미조   무슨 분위기가 이래? 나 심각해.
미조 모 그래. 우리도 집중하고 있어. (방긋)
미조   나. 미국 안 갈 거야. 여기서 할 일이 생겼어.
미현   할 일? 무슨 할 일? 구체적으로 어떤 일?
미조   웃지 마~! 심각하다고.
미현   내가 웃었어? 안면근육이 왜 따로 놀지?

미조	나, 안식년을 다르게 보낼 거야.
차 교수	좋지. 뭘 하든 여기서 해. 안식년 잘 보내고 정말 인생에 안식이 찾아오면 좋지~!!
미현	그래서 뭐 할 건데 차미조? 뭐가 우리 미조 발목을 잡았을~까~.
미조	나. 안식년. 친구를 돌볼 거야.

미현을 째려보는 차 교수 부부. 미현, 뭐야…!!!

| 미조 | 엄마. 아빠. 언니. (그렁…) 찬영이가… 시한부야. |

청천벽력. 모두 침울해진다.
미현이 얼른 미조를 꽉 껴안는다. 미조가 눈물이 터진다.

미현	언니 있잖아. 뭐든 언니가 도와. 내가 같이 해.
	울지 마. 언니 있잖아….
차 교수	큰맘 먹었네. 잘했어. 친구 돌봐야지.
미조 모	보약 한 제 해 먹자. 기운이 있어야지.

다들 언제 그랬냐는 듯 똘똘 뭉치는 가족.

52.　백화점 앞 (저녁)

미조, 전화를 건다.

| 미조 | 정찬영. |

53.   찬영 집 거실 (저녁)

찬영, 세수를 한 얼굴이다. 수건을 들고 통화 중이다.

찬영　　니들 정말 너무 귀찮아. 전화번호 바꿀 거야.

54.   백화점 앞 (저녁)

차분한 미조.

미조　　마지막으로 묻는 거야. 항암치료 해, 안 해?
찬영(F)　마지막으로 말한다. 안 해. 한 번 더 말하면 절교야!!
미조　　알았어.

전화 당차게 끊고 백화점 안으로 들어가는 미조.

55.   찬영 집 거실 (저녁)

전화 띠링 끊긴다.

찬영　　뭐야 이건. 아유… 가지가지…. 차미조 장주희, 정말 가지가지 한다.
　　　　니들 덕에 심심하진 않다….

엄마에게 전화가 온다. 벌떡 일어나는 찬영.

전전긍긍하다가 놓친다. 이 부분은 무너지는 찬영.
눈물이 고인다. 미치겠네….

56. 백화점 안 (저녁)

/옷 매장. 마네킹이 입고 있는 옷을 바라보는 미조.

미조   이 옷들 그대로 주세요. 사이즈 55.

/다른 옷 매장. 진열된 옷을 가리키는 미조.

미조   44 주세요.

/신발 매장. 세련되고 화려한 힐을 고르는 미조.

미조   245 주세요.
직원   좀 크실 거 같은데.
미조   제 거는 저거. 230으로. 그리고 이건 235로 주세요.
직원   세 켤레 준비해드려요?
미조   네.

쇼핑을 하는 건지, 전장에 나갈 준비를 하는 건지 모르겠는 미조의 모습.

57.   일식집 안 (저녁)

선우, 친구 만나 식사를 하고 있다.

선우   왜 날 못 만나서 앙탈이냐. 혹시 결혼해? 청첩장 줄 거야?
친구   그럼 얼마나 좋겠냐. 우리 엄마 등쌀에 간 수치가 올라가.
선우   여자 친구는.
친구   헤어진 지가 언젠데 자식아.
선우   그새 또? 아이구 인마…. (웃는다)
친구   선우야.
선우   (본다) 뭐 사고 쳤네. 뭐가 이렇게 비장해?

친구, 사케를 원샷한다. 선우 왜 저러지… 이상해서 본다.

친구   잘 들어. 놀라지 말고.
선우   뭐야….
친구   내가. 소원이를 본 거 같아.
선우   그게 놀랄 일이냐? 어디서 마주쳤는데. (웃는다)
친구   내가 혹시 잘못 봤나 해서… 다시 가봤거든. 소원이… 맞는 거 같아.

선우, 이제 좀 진지해진다. 예민해진다.

선우   (정색) 어디서 봤는데.
친구   …룸살롱에서.
선우   …. 친구들이랑 갔나 부지. 학원에서 회식했나…?

목소리가 불안한 선우.

친구	못 알아들어? 그런 거면 내가 이래?
선우	무슨 말이야 너.
친구	그 룸살롱에서. (후….) 아가씨로 나오더라고.

선우, 손에 힘이 들어간다. 부들부들….

선우	미친 새끼…. 그걸… 그걸 말이라고 입에 담아?
친구	나도 이상해서 다시 가봤다니까!
선우	…. (손이 떨린다) 너…만약에… 너… 너 만약 잘못 본 거면… 너. 죽기 직전까지 팰 거야!!
친구	나도 그랬음 좋겠다. 나도 차라리 잘못 본 걸로 얻어맞았으면 좋겠어!

벌떡 일어나는 선우.

선우	어디야, 거기.

58.　연기 레슨실 (밤)

미조 쇼핑백을 바리바리 들고 들어온다.
찬영, 저건 또 뭐지… 팔짱을 끼고 본다.
냉장고에서 음료수를 꺼내던 주희도 놀라서 본다.

주희	뭐야??

미조	일단 받아. 아 무거워⋯.
찬영	니들은 뭐 매일 회의하냐? 정찬영 어떻게 놀려줄까? 뭐야 이게 다?
미조	주희. 복권 당첨금 찾았어?

주희 음료수를 뺏어서 마시는 미조. 목이 탄다.

주희	다들 주목해.
찬영	벌써 주목하고 있어. 얼마야? 그거 다 주디?
주희	나. 당첨금 안 찾을 거야. 당첨 안 된 걸로 할 거야.

미조, 음료수 사레든다. 찬영은 버럭거린다.

찬영	아 왜~!! 쫄았어? 몇 천도 아닌데 그걸로 쫄아? 내놔. 내일 나랑 같이 가서 찾아.
주희	없어.
미조	뭐가.
주희	복권.
찬영	잃어버렸어???

/인서트
은행 파쇄기에 빨려 들어가는 로또 용지.
주희, 살짝 아쉽다가 비장해진다.

벙찐 미조와 찬영. 잠시 정적. 주희는 스스로가 대견하다는 듯 반듯하게
앉아 있다.

찬영	이 미친년!!!!
미조	너까지 왜 멘탈이 털려서 그러냐… 진짜 파쇄기에 넣었어??
찬영	아니… 700이 적어? 너 월급이 얼만데 그걸!!
주희	큰돈이지. 그 돈이면 우리 동남아 여행도 내가 쏠 수 있지.
미조	아 근데 왜에~!
주희	내 인생에 처음으로 온 큰 행운이야.
	그 행운… (찬영 보며) 너 가져가. 그래서… 4년만 더 살아. 4등짜리잖아.

먹먹해지는 세 친구. 찬영, 눈물이 고인다. 꾹 참는다.
미조, 왜 미소가 지어지는 건지. 주희를 본다.

찬영	알았어. 살아볼게. 4등 행운… 내가 가져갈게.
미조	아 오늘 텐션 좋다. 누가 친구 아니랄까 봐 척척 맞네.

미조, 쇼핑백 물건 다 꺼낸다.

찬영	이건 또 뭔데.
주희	나 복권 됐다고 축하 선물 준비한 거야?
미조	아니. 복권 되거나 말거나.
주희	야! 내가 얼마나 숭고해~!
미조	멋져. 인정! 자, 결정해 정찬영.
찬영	뭘.
미조	너도 정해 장주희.
주희	그러니까 뭘.
미조	난 정했거든. 내 친구 찬영이. 함께 있는 시간 동안 신나게 놀 건지,
	아니면 심각하게 슬퍼할 건지.

찬영과 주희 조용해진다.

미조   난 신나게 놀자로 정했어. 니들도 결정해.

찬영, 미조를 본다. 미조가 당차 보이는데 슬퍼 보인다.
주희, 눈물이 툭 터진다.

미조   넌 벌써 탈락이야.
주희   복권 생각나서 그래.
찬영   아유… 이 개또라이들…. 그래서. 이 옷들이랑 구두랑. 뭐하자고.
미조   나이트 가자고.
주희   풉~~!!!!
찬영   울다 웃다… 와중에 나이트…. 돌았냐?
미조   우리 못 갔잖아, 주희 생일날. 나 후줄근해서 입장 못 했잖아.
           그래서 포장마차 갔던 거, 생각 안 나?
주희   맞다. 너 때문에. 아 승질 나.
미조   이왕 이렇게 된 거. 뒤돌아보지 말고. 못 했던 거, 아쉬운 거,
           하고 싶은 거 하고 놀자.
찬영   너 미국 안 가?
주희   너 안식년 안 해?
미조   …내 안식년. 정찬영 돌보는 데 쓸 거야. 그러니까….
           (눈물 그렁해져서 찬영을 본다) 맘껏 해. 뭐든.

찬영, 고개를 숙인다. 주희도 뻐근하다.
미조는 온 힘을 다해 눈물 참는다.

미조	치료받자는 말 안 할 테니까. 부탁 하나 들어줘.
찬영	….
미조	지구에서. 역사상. 제일 신나는 시한부가 되어줘.

찬영, 결국 눈물이 투두둑….
한참을 말이 없는 세 사람. 찬영 눈물을 확 닦아내고.

찬영	내 거 뭐야. 나 뭐 입어?
미조	이거.
찬영	역사상 제일 신나는 시한분데 명품 사 오지.
미조	오래 입지도 못 할 거면서 명품 어따 쓰게.
찬영	막말이야 시작부터~!
미조	너만 할까.
주희	나 이거 살짝 클 거 같은데?
미조	너 살쪘어.
주희	진짜???

셋이 옷을 입어 본다고 깔깔 웃고 난리다.

59.   룸살롱 앞 (밤)

선우, 망설인다. 후들후들… 차마 들어가지 못한다.
룸살롱 아가씨가 손님을 배웅하느라 나온다.
소원인가 해서 움츠러드는 선우. 아니다.
용기가 나지 않는 선우.

60.   클럽 앞 (밤)

세련된 언니들 입장한다. 신나는 음악 선행된다.

61.   클럽 안 (밤)

양주병은 따지도 않은 채 테이블에. 음료수와 생수만 마시면서 한껏 신
난 세 친구.
주희가 미조 손잡고 나간다. 둘이 춤을 추는데… 아… 너무 못 춘다.
찬영, 아이고… 창피해서 얼굴을 가린다.
무아지경 자기만의 막춤을 추는 미조와 주희.
찬영에게 나오라고 하는데 찬영 못 본 척한다.

결국, 세 사람 춤을 추며 신나게 논다.

미조(N)   우리는 그렇게 신나게 시작했다. 찬영이의 시한부를.

62.   진석 집 주원 방 (밤)

아들과 마주 앉아 이야기하는 진석.

진석   주원아. 아빠 있잖아. 배신자 됐어, 주원이한테.
주원   배신자…?
진석   좋아하는 사람이 있어. 엄마 말고.

주원	…. (고개 숙이고) 이혼…해?
진석	미안해.
주원	…. (눈물 그렁) 우리… 이제 못 봐…?
진석	아니. 주원이가 아빠랑 같이 살아줬으면 좋겠어.

주원, 고개를 든다. 아기다. 진석의 품에 와락 매달려 목을 꼭 껴안는다.
진석이도 주원이를 꼭 껴안는다.

63.　룸살롱 안 (밤)

소원, 취해서 눈이 가물가물… 그러다 커진다. 식겁하다가 이내 분노의 눈.
선우가 서 있다. 너무나 슬프고 참담한 얼굴로 눈물 흘리며 서 있다.

취객1	뭐야 당신?
선우	실례하겠습니다. (소원 보며) 가자.
취객2	너 애인 있어?

소원, 다 포기되는 얼굴. 술잔에 술을 콸콸 따른다.

선우	나와. 집에 가자.
취객1	이거 뭐냐~!!
선우	오빠랑 가자.
소원	어딜 가.
선우	집에 가.
소원	내가. 집이 어디 있어!

너무나 아픈 소원의 눈빛.

선우, 손님들 손짓 발짓 다 거둬내고 소원이 손을 잡아끌고 나온다.

안 간다고 버티는 소원이와 참담함에 얼굴이 굳어 있는 선우.

64.   클럽 앞 (밤)

       양주를 꼭 껴안고 나온 주희. 미조를 끌고 나오는 찬영.

미조   왜~ 왜 벌써 가~!

찬영   콜라 먹고 취했어? 와 나… 춤을 씨….

       내가 아파 죽기 전에 쪽팔려서 죽겠어 증말.

미조   자기 필대로 추면 춤이지….

찬영   그게 막춤이라는 거야! 몸치 몸치… 아 부끄러….

주희   난 좀 춘 거 같은데.

찬영   넌 답도 없어 이년아.

       셋 다 웃음이 터졌다.

미조(N) 그렇게 해보기로 했다. 내일이 없는 것처럼.

       슬픔은 없는 것처럼. 오늘을 살아보기로 했다.

찬영   어. 선우 씨… 아니야?

       4차선 도로 건너편. 선우가 보인다.

       술에 취한, 누가 봐도 업소 아가씨를 끌고 가는 선우.

웨이터가 말리고… 선우는 웨이터에 떠밀리고, 그대로 다시 여자, 소원
을 잡아당기고.
결국 소원이는 안으로 휘청 들어가고.
달려드는 선우는 웨이터의 몸짓에 휘청이고.
그때, 미조와 눈이 마주치는 선우.

미조(N)   신나게 살아보기로 한 그때, 그는 매우… 슬퍼 보였다.

같이 놀란 찬영과 주희.
마치 다른 세계를 만난 것 같은 미조.
세상이 무너지는 선우….
놀란 미조와 참담한 선우의 먼 눈 마주침.

엔딩.

제5화

라흐마니노프
피아노협주곡 제2번

1. 프롤로그

어린 미조가 방에서 낮잠을 자고 있다.
어렴풋 잠이 깬다. 라흐마니노프 협주곡이 흐르고 있다.

부스스 일어나 거실을 본다. 젊은 미조 모가 빨래를 개고 있다.
창가에서 바람이 불어온다. 햇살이 좋다. 음악도 좋다.
미조 모가 얼핏 돌아본다. 잠이 깬 어린 미조를 보며 환하게 미소를 짓
는다.

미조 모   깼어?

미조, 눈만 깜박이며 미조 모를 본다.

미조 모   와서 엄마 좀 도와주라. 언니는 도망 나갔어.

미조, 일어나 거실로 나간다.
미조 모 곁에 앉아 양말 짝을 맞춰 미조 모 앞에 놓아준다.

미조 모   음악 소리가 커서 깼어?
미조   …. 이거… 한 짝이 없어요.
미조 모   그래? 꼭 그러드라. 이상하게 양말이 가끔 사라져.

세탁기가 먹었나?

미조 얼핏 큭 웃는다.

미조 모   언니는 방 정리 좀 하라 그랬더니 어느새 나가고 없다?
          별루야. 그치?
미조   별루야….

서로 웃으며 빨래를 개는 모습이 한가롭고 여유롭고 평안하다.

미조 모   이 음악 어때?
미조   …. 따뜻해요.

미조 모, 너무나 기특하고 사랑스럽다는 얼굴로 어린 미조를 본다.

미조 모   우리 미조가 감성이 좋구나. 따뜻하다는 표현이 예쁘다.
미조   이 음악 제목이 뭐예요?
미조 모   이거? 라흐마니노프 피아노협주곡 2번. 너무 어렵지?
미조   (또박또박) 라흐마니노프. 피아노협주곡. 2번.

한 번에 기억하는 미조가 신기하고 예뻐서 들여다보는 미조 모의 두 눈.
그런 엄마를 바라보다 진짜 미소를 짓는 어린 미조.

부제 '라흐마니노프 피아노협주곡 제2번'

2. 룸살롱 앞 (밤)

소원이를 데리고 나온 선우. 절망 가득한 선우의 얼굴.
못지않게 절망한 소원, 그러나 오기를 부린다.

소원　놔!!
선우　가자.
소원　나 일하는 중이야. 놔!!
선우　소원아 제발!!!
소원　왜… 왜 여길 왔어… 왜에~!!
선우　너 많이 취했어. 오빠 집으로 가.

소원, 매몰차게 선우의 손을 놓는다.

소원　오빠가 어떻게 여길 알았는지 모르지만.
　　　알게 됐어도… 오지 말았어야지… 오빠가 여기까지 오면…!
　　　난 이제 갈 곳이 없어. 그냥 죽는 게 낫다고.
선우　왜 죽어 니가! 힘들면… 오빠한테 말했어야지 왜 여기까지… 어?
소원　내가 왜 오빠한테 다 말해야 해?
선우　!!
소원　남이잖아 우리.

선우, 마음이 너무 아프다.

선우　너랑 내가… 남이야 소원아? 그래? 너랑 나 사이에… 엄마… 없어?

소원, 엄마 이야기에 흔들린다. 눈물이 터진다.

소원   아이 씨 정말… 다 거지 같아, 다 지옥 같아!!

웨이터가 나온다. 소원이를 데리고 들어가려 한다.
선우가 막는다. 웨이터와 몸싸움이 좀 이어지다가 웨이터가 밀어버리
는 바람에 휘청이는 선우. 뒤도 돌아보지 않고 들어가버리는 소원을 바
라만 본다.
미칠 거 같은 선우, 시선을 돌리다가 건너편 미조를 발견한다.
하…. 선우 그대로 돌아서 터덜터덜 걸어간다.

3.   나이트 앞 (밤)

전후 사정은 모르지만 당황스러운 모습을 보게 되어 난감한 찬영과
주희.
미조는 좀 다르다. 저 사람에게 무슨 일이 있는 걸까 싶다.

찬영   야… 가봐야 되는 거 아니냐?
미조   지금은 아닌 거 같아.
주희   저 여자랑 사귀는 건 아니겠지?
찬영   분위기가 좀 다른 거 같은데.
미조   가자 우린. 배고프다 뭐 좀 먹자!

미조, 찬영과 주희의 팔짱을 끼고 간다. 선우가 걱정되는 얼굴이다.

4.   미조 집 안방 (밤)

씻고 나온 미조. 화장대에 앉아 세럼을 바른다.
문득, 선우 생각이 난다.

FB (5화 S#2)/
선우와 소원의 실랑이. 절망하는 선우의 처연한 얼굴.

미조, 좀 걱정된다. 생각을 떨쳐버리며 다시 화장품을 바른다.

5.   선우 집 거실 (밤)

선우, 옷도 갈아입지 않고 다 잃은 듯한 얼굴로 소파에 앉아 있다.

FB (5화 S#2)/
소원 *오빠가 어떻게 여길 알았는지 모르지만.*
     알게 됐어도… 오지 말았어야지… 오빠가 여기까지 오면…!
     난 이제 갈 곳이 없어. 그냥 죽는 게 낫다고.
소원 *내가 왜 오빠한테 다 말해야 해?*
소원 *남이잖아 우리.*

선우, 매우 괴롭다.

6.   제이피부과 선우 진료실 (아침)

선우 이성적인 모습으로 진료 준비를 하고 있다.
미조가 온다. 선우 무슨 말을 해야 할지 모르겠다.
미조, 환자용 의자에 앉아 팔짱을 끼고 선우를 본다.
선우, 미조의 뚫어져라 보는 시선에 난처하다.

미조   시선 흔들린다?
선우   아닌데.
미조   뭔가 불안한데 지금.
선우   아닌데.
미조   맞는데.

선우, 하… 얼핏 쓴 미소. 미조를 본다. 미조가 궁금해하는 걸 안다.

미조   난 어제 친구들이랑 클럽 갔었어요. 지구에서 제일 신나는 시한부 해보
         기로 했거든, 잘 될진 모르겠지만.
선우   그래서 거기 있었구나.
미조   네.

또 마가 뜬다. 미조는 선우를 계속 빤히 본다.

선우   난 누구 좀 만나러 갔었어요.
미조   아… 룸살롱에서 미팅이 있었구나. 아니 뭐 내가 룸살롱 그런 데 혐오
         하는 건 아닌데. 선우 씨가 거기서 나오니까 궁금하긴 하거든요.
선우   …. (말을 해야 되나 말아야 되나…)

미조   사생활에 너무 딥하게 아는 척했나?

선우   소원이 찾으러 갔어요.

미조   소원이. (가만… 소원이를 왜 거기로… 눈만 깜박깜박하다가)
         소원 씨 회식했나? 취해서 데리러 갔구나?

착하게 자세를 고쳐 앉는 미조. 좀 미안하다.

선우   거기서 일하더라구요. 소원이가.

미조, 뭔 소리지… 좀 생각하다가, 눈이 번쩍! 너무 당황하는 미조.

미조   어… 아…. (무슨 말을 해야 할지)

선우   동생이랑 얘길 좀 하고 싶은데 전화도 꺼놓고.

미조   집엔 가봤어요?

선우   (슬픈 자조) 어디 사는지 몰라요.

미조   (흠….) 동생이 뭔가 상황이 막… 꼬였나 보다.

선우   시간이 지나면 설명해주겠지.

미조   그래 너무 다그치지 마. 동생도 지금 힘들 거 같다.

선우   (조금 웃으며) 신경 쓰지 말아요. 찬영 씨 일도 힘들 텐데.
         소원이 연락되면 알려줄게요.

미조, 흠… 고개를 숙이고 발만 툭툭….

미현(E)   진료 시작합니다!

미현이 문 앞에 서서 방긋. 선우도 웃는다.

선우   네~!

미조   난 오전 진료하고 자리 비워요.

선우   그래요.

선우, 힘을 내서 진료 준비를 한다. 미조는 그런 선우를 안쓰럽게 본다.

7.   정신과 안 (낮)

나이가 지긋한 정신과 의사(남, 60대 초반) 미조와 상담 중이다.

의사   준비는. 잘 돼가요?

미조   아니요.

의사   막상 가려니까 뭐가 할 게 많지?

미조, 좀 웃는 듯 마는 듯. 의사를 본다.

미조   안 가려구요.

의사, 갑자기 왜… 미조를 차분하게 살피는 시선.

미조   못 가겠어요.

의사   낯선 데 가려니까… 겁나요?

미조   그런 건 아니고… 친구가 많이 아파요.

의사   (흠…)

미조   제가 다녀오면. (슬픈 미소) 그 친구가 없을지도 몰라서요.

의사, 좀 놀라는 얼굴. 자리를 고쳐 앉으며 난감해한다.

의사　　아이고. (생각) 쉽지 않지. 인생이 그래요.
미조　　그래도 일은 좀 놓으려구요. 도와줄 의사도 왔고.
　　　　전 그냥 친구 돌보면서 쉬엄쉬엄….
의사　　쉬엄쉬엄 어렵겠는데 뭐. 친구가 그렇게 아픈데 그게 되나.
미조　　(서글프게 웃는다)
의사　　친구들이랑 있을 때가 제일 마음 편하다고 한 거 같은데, 그중에 한 명?
미조　　네.

의사, 안타까워 말을 잇지 못한다.

의사　　그래서. 요즘은 좀 어때요? 잠은 자요?
미조　　못 자요. 시간마다 깨요. 깰 때는… 악몽을 꿔요.
　　　　찬영이랑 싸운다든가. 아, 그 친구 이름이 찬영이에요.
　　　　불이 난 집에서 찬영이가 못 나오고 있다거나.

미조, 얼굴을 쓸어내린다. 괴롭다.

의사　　공황장애는, 더 심해진 건 아니고?
미조　　약 먹고 있어요.
의사　　가까운 사람이랑 사별하면서 공황장애가 오는 경우도 있는데.
　　　　이미 공황장애가 있어서 쉬기로 한 사람이 절친이랑 사별이라.
　　　　난 이런 경우가 첨이네. (속상해서 웃는다) 어떡하지?
미조　　오히려 좀 괜찮은 거 같기도 하구요. 집중해야 되는 절실한 일이 생겨
　　　　서 그런가?

애써 웃는 미조.

의사   불편한 건 없어요?
미조   네. 잠만 좀… 잤으면 좋겠어요.

미조가 안쓰러운 의사의 얼굴.

의사   약을 다시 처방해줄게요. (처방전 적다가) 앞으로 일어날 일들보다, 지
        나간 좋았던 일들을 생각해봐요. 그 친구랑 말이야.
미조   좋았던 일들이요…?

글쎄… 막막한 미조의 얼굴.

8.   찬영 집 거실 (낮)

        찬영, 소파에 앉아 깊은 생각에 빠져 있다.
        기분이 안 좋은지, TV를 켠다. 무심하게 채널을 옮긴다.
        별로 보고 싶은 게 없다. 끈다. 다시 조용한 거실.

찬영   배고프다.

        찬영, 일어나 냉장고로 가 냉장고를 연다.
        맥주와 소주들이 많다. 엄마가 해다 준 반찬들이 그대로 있다.
        꺼내서 열어보면, 다 상했다. 하 씨… 싱크대에 그대로 내놓는다.
        우유를 꺼낸다. 유통기한을 보니 한참 지났다. 우유도 싱크대에 버린다.

상부장을 열어 햇반과 참치캔을 꺼낸다.
햇반을 레인지에 돌리고. 참치캔을 딴다.

데워진 햇반을 열어 참치캔과 함께 먹으려고 하는 찬영.
막상 먹지 않는다. 에이… 일어난다.

9.   찬영 집 근처 거리 (낮)

찬영, 어디에서 뭘 좀 먹을까 가게를 보며 걷고 있다.
막상 먹고 싶은 것도 없다.
여고생 둘이 장난치며 오다가 찬영을 툭 친다.
여고생들 죄송하다고 연신 고개를 숙인다. 괜찮다고 웃는 찬영.
여고생 둘 앞으로 가는데, 또 그새 장난치며 간다.
그 모습을 우두커니 보는 찬영.

10.   택시 안 (낮)

미조, 이동 중이다. 멀리 지하철이 지나가는 것이 보인다.

미조   기사님. 개봉역으로 갈게요.

미조, 아득해진다.

11.   개봉역 승강장 (낮)

낮이라 사람이 별로 없다. 승강장 의자에 앉아 있는 미조.
아무것도 하지 않고 그저 그냥 멍하다.
지하철이 서고, 사람들이 내리고, 또 타고.
다시 조용해지는 승강장. 또 지하철이 오고, 사람들이 내리고.

FB (1화 S#18)/
찬영 *뭐 잃어버렸어요?*
미조 *지갑….*
찬영 *…. 그 새끼 이상하다 했더니.*

FB (1화 S#19)/
찬영 *개털이라며.*
미조 *…. (받는다) 갚을게요. (하다가) 왜 반말해요?*
찬영 *이름표. 너 고 2잖아.*

FB (1화 S#19)/
찬영 *너 미친년이냐?*
미조 *누가 불우이웃이야.*
찬영 *아이 씨 진짜…. 야. 불우이웃인 셈 친다고 했지 너보고 불우이웃이래!!*
미조 *그러니까 왜 날 보고 그런 셈 치냐고~!!*
　　　　내가 불쌍해 보여? 불우해 보여!!
찬영 *또라이 같은 년 진짜… 꺼져. 가 그냥.*

미조, 그때 생각에 조금 미소가 지어진다.

그러다가 다시 아파온다. 하…. 눈을 감는 미조.

(시간 경과)
승강장 시계를 보면 두 시간이 지나가 있다.
땅만 바라보고 있는 미조. 지하철이 들어온다. 사람들이 내리고 탄다.
지하철이 지나가고. 미조 문득 건너편을 보는데, 놀란 두 눈.
잘못 봤나… 다시 뚫어져라 본다.
건너편에 미조랑 똑같은 모습으로 의자에 멍하게 앉아 있는 찬영이 보
인다. 찬영 부르려다가 마는 미조. 찬영을 조금 지켜본다.

찬영, 주머니에 손을 넣은 채 다리를 가끔 떨고. 한숨을 쉬기도 하고.
눈물을 좀 닦는 듯 보이고.
미조, 그런 친구를 보고 있으니 눈물이 차오른다. 참는 미조.
찬영, 무심코 고개를 들다가 미조를 발견한다.

두 사람, 한참을 서로 바라본다.
두 사람 사이에 지하철이 들어와 가려놓는다.

12.   개봉역 개표구 (낮)

서로 반대 개표구로 걸어 나와 마주 선 미조와 찬영.

찬영   왜 여깄어?
미조   넌 왜 여깄어.
찬영   (피식 웃고) 배고파.

미조, 지긋이 웃는다. 핸드폰을 열어 뭔가 검색한다.

13.   두부 요리 전문점 (낮)

따끈한 손두부 한 모. 하얀 순두부찌개.
미조와 찬영이 음식을 앞에 두고 있다.

찬영   맛집 검색하는 스타일인지 몰랐다?
미조   두붓집 검색한 거야. 단백질 섭취가 좋대.

미조를 한번 보고, 고마운 눈빛. 식사를 하는 찬영. 미조도 먹는다.

찬영   집에 먹을 게 없더라.
미조   양평에 가자. 식사도 그렇고, 부모님도 아셔야지.

알고 있다는 듯 두부를 먹는 찬영.

찬영   맛있다.
미조   순두부도 먹어봐.

말없이 식사를 이어가는 두 친구.

찬영   미국은 왜 가려고 했어?
미조   …그냥. 좀 쉬려고. 말했잖아.
찬영   내가 니 발목을 잡았구나?

서글프게 웃는 찬영. 미조, 속상하다.

미조   그런 거 아니야.

찬영   아니긴.

미조   아니라니까.

찬영   (순두부 한 입 먹고 툭 던지는) 가지 마. 안 갔으면 좋겠어.

미조, 찬영을 본다. 마음이 아프다.

찬영   너 없으면. 나 어떡해. (슬픈 미소) 가지 마.

미조   안 가. 니 옆에 있을 거야.

미조와 찬영 서로 바라본다. 은은한 미소.
그러다가 찬영이 왈칵 눈물이 올라온다. 미조 심장이 쿵….

찬영   겁이 나. 무서워.

미조   (눈물이 차오른다) 나도.

찬영   (이내 눈물 삼키고) 웃긴 게 뭔 줄 알아?

미조   ….

찬영   나 죽는다니까… 내 주위 사람들이 하나하나 생각나는 거야.
                엄마 아빠 생각하면… 죄송하고 걱정돼서 슬퍼.
                진석이 오빠 생각하면 아쉽고, 미안하고, 슬프고.
                주희는… 걱정되고, 안타까워서 슬퍼.

미조   난…?

찬영   웃긴 게 이 부분인데. 너를 생각하잖아?

미조   (집중하는 두 눈)

찬영   벌써 그리워서. 슬퍼.

        미조, 찬영 서로 눈물을 참는다. 담담하게 바라본다.

미조   (예쁜 미소) 그래서 여기 와 있었어?
찬영   (환한 미소) 넌?
미조   의사 선생님이 좋았던 것만 생각해보자고 해서.
        여기가 생각났어. 너 처음 만난 데, 여기.
찬영   너 나 졸라 사랑하는구나…?

        아이처럼 웃는 찬영.

미조   졸라 사랑하는 찬영이 두부 많이 먹어.

        미조, 손두부 한 점을 찬영의 접시에 올려준다.
        찬영, 한입에 넣고 우물… 웃는다.

14.   거리 (낮)

        함께 걷는 미조와 찬영.

찬영   예사롭게 살아줘.
미조   예사롭게?
찬영   응.
미조   예사롭게라….

찬영	예를 들면. 선우 씨랑 잘 만났으면 좋겠다는 거야.
미조	….
찬영	너같이 신중한 애가 만난 지 얼마 안 됐는데 잤다는 건.
	그 사람 남다르다는 거잖아.
미조	다른 얘기 해.
찬영	이 봐. 나 때문에 자꾸 옆길로 새잖아.
미조	내가 알아서 한다니까.
찬영	너 지난번에 만난 성철 씨, 여행 가자는 거 안 가고 버티다 헤어졌잖아.
미조	그땐 확신이 없어서 그랬지.
찬영	선우 씨는 확신이 든 거잖아 멍청아.
미조	(걸음을 멈추고 찬영을 본다) 어쩌라고.
찬영	자연스럽게 하자고.
미조	자연스러운데 왜.
찬영	웃고 있네…. 야. 너 안식년도 내가 발목 잡고, 몇 년 만에 나타난 확신 있는 남자도 나 때문에 주저주저하고. 그럼 난 미안해서 더 많이 아프겠지?

미조, 머리가 복잡하다. 인상만 쓰고 있다.

찬영	너 이따구면, 나 지구에서 제일 신난 시한부 못 돼.
	젤 맘 불편한 시한부 된다고.
미조	협박 타이트하다 정말.
찬영	내 컨디션 너한테 달렸다는 거 명심해라.
미조	서른아홉의 연애가 얼마나 뜨거운지 보여줄 테니까 섭섭해하지나 마.
찬영	설레발이면 딱밤 열라 맞을 줄 알아.
미조	아우 진상. 완전 밉상.

미조, 혼자 걸어간다. 찬영이 피식 웃고는 따라붙어 미조의 팔짱을 낀다.

15.   차이나타운 안 (밤)

장사를 마치고 정리 중인 현준. 문이 열리고 주희가 음료 박스를 들고
들어온다.

주희   정리하시는구나….
현준   어? 식사하시게요?
주희   아니요, 아니요! 지나가다가… 아, 이것 좀 드세요.
현준   (왜 갑자기…) 뭐 있죠. 뭔가 있는데.

주희, 히…. 민망하게 웃는다.

주희   저기… 영업 끝나고 주방 좀 사용해도 될까요?
현준   주방을 왜….
주희   어… 찬영이 뭐 좀 만들어주고 싶은데 집에서 하기 좀 그래서요.
현준   (아…) 그럼요! 당연히 되죠. 뭐 만들 건데요?
주희   엄마 아팠을 때 만들어드리던 건데. 엄마도 예전에 암이었거든요.
           그때 겨우겨우 드셨어가지구… 냄새만 맡아도 울렁거릴 거 같아서.
현준   아 그러셨구나… 같이 만들어요 나랑.
주희   아니에요, 시간 좀 걸려요.
현준   나도 궁금해서. 언제 만들 거예요?

편하게 대해주는 현준.

16.   공원 (밤)

찬영이 진석과 산책 중이다.

찬영   혹시. 매일 여기로 올 건 아니지? 회사 일은?
진석   회사 일도 본부장이랑 좀 나눠서 할 거야.
　　　　너랑 놀 시간을 확보해야지. 그치?
찬영   나 시간이 많지가 않거든? 할 일, 만날 사람 무지 많아, 혼자 놀아.
진석   …. 주원이랑 얘기했어.
찬영   (뭐를… 진석을 본다)
진석   엄마랑 헤어질 거라고.

찬영, 걸음을 멈춘다. 속이 상한다.

찬영   갑자기 왜 이렇게 몰아치는 거야? 어린 주원이가 얼마나 힘들어!
　　　　아니… 나도 속 시끄러워 죽겠는데 왜 오빠까지 사고를 치냐!!
진석   마음이 급해졌어.
찬영   왜!! 내가 얼마 못 살아서!!
진석   못 살긴 뭘 못 살아. 몸에 좋은 거 다 먹고 공기 좋은 데로 가자.
　　　　오빠가 옆에 있을게.
찬영   일 안 하니 너?
진석   말했잖아, 본부장이랑 나눠서 할 거라고. 나 없어도 굴러가.
찬영   이러지 마 쫌. 더 스트레스받아.
진석   다시 한번 생각해봐… 치료를 왜 안 받아.
찬영   오빠. 치료가 아니잖아. 치료는 낫는 거잖아.
　　　　지금 나는… 연명하는 거라고.

나 마음이 바빠. 할 게 너무 많아.

진석　지금 니가 병원에 가는 거 말고 뭐가 급해 찬영아….

찬영　엄마 아빠한테도… 어떻게 해야 할지 모르겠고… 미조랑 주희도 정리 좀 해주고 가야 되겠고.

진석　야!! 니가 뭘 정리해줘!

찬영　자꾸 버럭하면 나 너랑 말 안 해.

진석　알았어. 조용히 말할게. (소근) 무슨 오지랖이냐고 정찬영.

찬영이 어이없어 웃는다. 다시 걷는 두 사람.

진석　집 보고 있는데…. 공기 좋은 지방이 낫겠지?

찬영　무슨 집??

진석　병원 안 들어갈 거면 나랑 있어.

찬영　미쳤네. 돌았어. (화가 난다) 생각 좀 잘해. 오빠 옆에서 오래오래 살 사람이 누군지! 주원이 엄마잖아~!

진석　너도 너 하고 싶은 거 해. 나도 나 하고 싶은 거 할 거야.

찬영이는 속이 터진다. 진석은 찬영의 팔짱을 끼며 걷는다.
놓으라고 하는데 더 꼭 팔짱을 끼는 진석.

17.　공항 (밤)

게이트로 나오는 승객들.
그 사이로 나오는 선우 부(60대 후반). 적당한 곳에 서서 핸드폰으로 전화를 건다.

18.   룸살롱 앞 (밤)

        선우, 초조한 얼굴로 기다린다. 전화가 온다. 아버지다.

선우   네 아버지.

19.   호텔 룸 안 (밤)

        선우 부, 통화 중이다.

선우 부   집이니?
선우(F)   아니요. 아직 일이 있어서.
선우 부   늦는구나.
선우(F)   ….
선우 부   난 지금 서울이다. 오늘 들어왔어.

20.   룸살롱 앞 (밤)

        조금 놀라는 선우.

선우   무슨 일… 있으세요?
선우 부(F) 니가 연락이 잘 안 되니까 왔지.

        대답을 못 하는 선우.

선우   내일 연락드릴게요. 네. 네⋯.

선우, 아버지까지 들어오니 더 마음이 답답하다.
웨이터가 아가씨 한 명을 데리고 나와 선우에게 안내한다.

웨이터   제인 누나 오빠시래.
아가씨   오빠요?

웨이터 먼저 들어간다.

선우   실례합니다.
아가씨   제인이가 오빠 있다는 말 안 하던데?
선우   ⋯. 제인이가 아니라⋯ 소원이에요. 김소원.
아가씨   알아요, 소원인 거. 친오빠 맞아요?
선우   네. 소원이 집⋯ 아세요?
아가씨   오빤데 집을 몰라요?
선우   사정이 있어요. 부탁드립니다. 집이 어딘지 알려주세요.

선우의 착한 얼굴을 보며 고민하는 아가씨.

21.   선우 자동차 안 (밤)

결의에 찬 얼굴로 운전하는 선우. 조수석에 시계 쇼핑백이 보인다.

22.　소원 오피스텔 현관 앞 (밤)

선우, 초인종을 누르려다가 만다.
고민하다가, 문고리에 선물 쇼핑백을 걸어둔다.
잠시 문을 바라보고는 돌아서 간다.

23.　소원 오피스텔 안 (아침)

소원이 눈을 뜬다. 소파에서 지내는 듯 보인다.
핸드폰을 드는 소원. 망설이다가 전원을 켠다.
선우에게 온 부재중 전화가 꽤 있다.
선우에게 온 문자를 열어본다. 마지막 문자를 보는 소원.

[잘 거 같아서 문에 걸어두고 간다. 잘 있는지 문자라도 남겨줘]

소원, 너무 놀란다. 현관으로 달려 나간다.

문고리에 달린 쇼핑백을 들고 들어온다. 심장이 뛰는 소원.
포장을 열어본다. 시계가 있다. 먹먹한 소원….

24.　제이피부과 미조 진료실 (낮)

진료실 책상 앞에 앉아 커피를 마시는 미현. 미조도 진료석에서 함께
마시고 있다.

미현   찬영이는… 좀 괜찮니?

미조   아직은 잘 버티고 있어.

미현   기특하네. 나 같으면 앓아누웠을 텐데.

        (미조 얼굴을 살피고) 너는 밥 좀 먹고 다니는 거야? 얼굴이 아주.

미조   잘 먹어. 우리가 먹어야 찬영이가 먹으니까.

미현   아빠가 너 걱정해. 전화 한번 드려.

미조   응.

미현   야, 근데 김 선생은 무슨 일 있어? 얼굴이 둘 다 왜 이래?

        피부과 닥터들 안색이 썩어 있음 진료가 되겠냐고.

        간호사 1, 노크 후 문을 연다.

간호사1   점심 왔어요!

미현   밥이다~!! 나가자, 김 선생님 데리고 나와.

미조   응.

        모두 나간다.

25.   제이피부과 선우 진료실 (낮)

        선우는 머리가 아파서 아스피린을 꺼내 먹는다.

        미조가 노크 후 문을 열고 들어온다.

미조   점심 먹어요! 생각이 없다, 배부르다 그런 거 사절이고.

선우, 딱 버티고 있는 미조를 보니 거절할 수 없다.

선우   그럽시다… 뭐라도 먹어봅시다!

          선우, 일어나는데.
          미조 뒤로 소원이 들어온다. 놀라고 반가운 선우.

선우   소원아….

          미조, 아 이 아이가 소원이구나… 미소로 소원이를 본다.
          소원, 미조에게 목례.

소원   밥 먹자 오빠.
미조   (얼른) 닭찜 모자랄 거 같았는데 잘됐다.
          다녀오세요.

          미조, 소원에게 미소 지어 인사하고 나간다.
          선우, 차분하게 소원을 본다.

선우   뭐 먹을까?
소원   매운 거.

26.   제이피부과 탕비실 (낮)
          ─────────────────

          미조가 들어온다. 모두 고개를 빼고 선우 찾아온 여자에 초집중.

테이블엔 배달된 닭찜이 보인다.

미조   오 맛있겠네!

미조가 테이블에 앉는다. 모두 득달같이 앉아 미조를 본다.

미현   누구야?
미조   식는다. 빨리 먹자.
간호사1   내가 이럴 줄 알았어요. 저 비주얼에 당연히 누가 있지.
미현   너무 쎈데. 누가 이겨 저 미모를.
간호사2   저요!
미현   설마요!
미조   여동생이에요. 됐죠?

이제야 안도하며 젓가락을 들고 흡입하는 간호사들.
미현이 미조 옆에 찰싹 붙어 앉는다.

미현   나 완전 쫄았잖아. 여친이었어 봐. 넌 게임도 안 되지.
미조   (괜히 기분 나쁘네) 뭐가 게임이 안 돼…? 나 며칠 전에 클럽 갔을 때 장
         난 아니었거든.
미현   클럽? 와 나… 서운해서 입맛이 사라지네.
         아니 댄스 쪽은 나를 픽해서 갔어야지!

미조, 무시하고 음식을 집는다. 간호사들도 모두 무시하고 흡입!
미현, 뭐야… 하다가 서둘러 닭다리를 사수한다.

27.   낙지집 (낮)

매운 낙지볶음을 호호 불며 집중해서 먹고 있는 소원.
선우는 숟가락만 들고 있을 뿐 제대로 먹지 못하고 소원을 본다.
소원의 팔목에 선물한 손목시계를 보는 선우. 이제야 좀 웃는다.
소원의 컵에 물을 따라준다.

선우   배 아프겠어. 물 좀 마셔.
소원   난 스트레스받으면 매운 게 그렇게 먹고 싶더라.
선우   엄마도 그랬잖아.

소원, 숟가락질이 느려진다. 선우를 본다.

소원   오빠랑 나 사이에… 엄마가 있어.
선우   (고맙다)
소원   그래서 왔어. 용기가 나더라.
선우   잘했어.
소원   처음부터… 이러진 않았어.
선우   소원아… 물어보고 싶은 거… 많아. 궁금하고 속상해서 잠도 안 와.
       근데… 안 물어볼 거야. 니가 대답하는 거 그것도 고통일 거니까.
       대신. 오빠랑 같이 살자. 그냥 쉬어. 아무것도 하지 마 오빠가 다…
소원   돈 많아.
선우   …!
소원   아무것도 안 했거든. 돈 쓸 데가 없었어. 오빠가 뭘 안 해줘도 돼.
       대신. 나야말로 대신…! 피아노 다시 치란 말 하지 마.

선우, 당황한다. 시선을 내린다.

소원   그런 생각을 했어.

선우   (본다)

소원   내가… 고아원에 계속 있었으면 어떤 사람이 됐을까?

       …그래도 부잣집에 입양돼서 피아노라도 두드리고 살았지, 그냥 고아

       로 버티다가… 젓가락이나 두들기고 살지 않았을까?

선우, 얼굴이 일그러진다. 화가 나는데 참으며 단어를 고른다.

선우   그런… 그런 표현을 왜… (하…) 니 나이랑 어울리지도 않는 말이잖아.

소원   그런가? (웃는다) 영화에서 들었나…? 드라마였나….

선우   그런 험한 말 다시는 하지 마. 피아노는 차차….

소원   (정색) 그럼 나 또 도망갈 거야.

선우   !!

소원   피아노 치란 말 하면. 다신 오빠 앞에 안 나타날 거야.

선우, 말을 아낀다. 낙지를 골라 소원의 접시에 덜어준다.

소원   일은 그만뒀어.

선우   …. 고마워.

소원   (선우를 본다) 미안해.

먹먹한 두 사람.

28.   찬영 집 거실 (밤)

주희는 소파에 길게 누워 리모컨으로 채널을 돌리고 있다.
미조와 찬영은 바닥에 앉아 있다. 찬영은 영 못마땅한 얼굴이다.
미조, 오일에 절인 올리브를 젓가락으로 집어 찬영이 입에 가져간다.

찬영   올리브는 왜!

미조, 무시하고 찬영 입에 올리브를 넣는다.

미조   씨 있으니까 조심해서 씹어.
찬영   (맛이 좀 없다) 와인도 없이 올리브를 왜 먹어!
미조   췌장에 좋대.

미조, 하나 더 집어서 찬영 입 앞에 대기.
찬영, 아이 진짜… 그러면서도 입을 열면, 쏙 넣어주는 미조.

주희   내가 다음엔 진짜 맛있는 거 만들어 올게. 기대해.
찬영   너 요리하지 마.
주희   시끄러.
찬영   야, 니들 매일 이렇게 도장 찍을 거 아니지?
미조   이사할래? 우리 동네 부티 나고 좋다며.
찬영   내가 살면 얼마나 산다고 니네 동네 가서 열패감을 느끼며 사냐.
주희   그럼 우리 동네 와.
찬영   그건 땡긴다. 엄마가 나 밥 잘 해줄 거 아냐.
미조   집 하나 얻자 그럼. 셋이 같이 살자.

찬영	왜케 집 얻자는 인간이 많아. 다들 애정이 터진다 아주.
미조	누가 또 그러는데.
찬영	아 몰라. 그래서, 미친 광란의 시한부 프로그램은 짜봤어?

주희, 벌떡 일어나 앉아 주머니에서 주섬주섬 종이를 꺼낸다.

찬영	너 설마 있지. 뭐 위시리스트 그런 거 적은 거면 넣어둬.

주희, 앗… 종이를 다시 넣는다. 미조 웃겨 죽겠다.

찬영	생각의 패러다임이 딱 예상 수준이야. 분발 좀 하지?
미조	여행 가자!
찬영	식상해.
주희	(다시 꺼내며) 몇 가진 참신한데… 내가 인터넷에서…
찬영	집에 가 니들!
미조	야 애 성의가 있지. 들어나 보자.
주희	어… 첫 번째로. 웨딩 사진 찍기.
미조, 찬영	어 됐어.
주희	(이씨…) 그럼 이건 어때? 부모님들 모시고 추억 여행…
미조	야.
찬영	쫌.
주희	참신하지 않아?
미조	어 참신하지 않아.
찬영	니들 이럴 줄 알고 내가 생각해봤어.

미조 주희, 눈 반짝.

찬영	내가 평생의 숙원이 있는데 그거 할 거야.
미조	뭐.
찬영	주희.
주희	(긴장)
찬영	남친 만들어주기.
주희	뭐?
찬영	미조.
미조	(뭐라고 하려고…)
찬영	…. 친엄마 찾자.

어이없어하는 미조와 주희.

미조	야. 그게… 너랑 무슨 상관이야? 부질없는 일을 한다고 니 시간을 그렇게 써? 차라리 웨딩 사진 찍자.
주희	부모님 모시고 여행 가. 그게 낫다 야.
찬영	소원이야.
미조, 주희	!!!
찬영	나 궁서체야. 진지해.
미조	찬영아….
찬영	내 소원이라고….

진지해지는 세 친구.

29.　　일식집 룸 (밤)

선우와 선우 부 불편한 얼굴로 식사 중이다.

선우 부　　왜 연락을 안 받아서 여기까지 오게 만들어.
　　　　　지구 반 바퀴가 가까운 길이야?

선우　　　….

선우 부　　그 좋은 자리 두고 여기서 뭐 하는 거야. 일은 하고 있는 거니?

선우　　　네. (물을 마시고) 여기가 편해요.

못마땅한 선우 부. 직구로 묻는다.

선우 부　　설마 소원이 그 애 찾으러 온 거야?

선우, 아버지를 바라본다.

선우　　　소원이 안부를 먼저 묻는 게 어때요.

선우 부　　왜 그 애한테 이렇게 집착하는 거야 도대체!

선우　　　…아버지가 절 찾으러 먼 길 오시는 마음이랑 같은 마음이죠.

선우 부　　너랑 내가, 그 애랑 같아!

선우　　　가족이잖아요.

선우 부　　호적 판 게 언젠데! 막말로 피 한 방울 안 섞인 애가 무슨 가족이야!

선우　　　아버지. 그런 마음… 소원이가 못 느꼈을까요?

선우 부　　해줄 만큼 했어! 개도 지 인생에 넘치는 지원 받은 거야.
　　　　　고아원에 계속 있었어 봐, 피아노를 쳐? 줄리아드 음대?
　　　　　어디서 젓가락이나 두들기고 살겠지.

선우 부의 이 말에서 차갑게 굳는 선우.

FB (5화 S#27)/

소원 내가⋯ 고아원에 계속 있었으면 어떤 사람이 됐을까?

⋯그래도 부잣집에 입양돼서 피아노라도 두드리고 살았지,

그냥 고아로 버티다가⋯ 젓가락이나 두들기고 살지 않았을까?

점점 하얗게 질리는 선우. 두 손이 부들부들⋯.

선우	아버지.
선우 부	⋯.
선우	그 말씀⋯ 그⋯ 그 잔인한 말씀⋯ 소원이한테도⋯ 하셨어요?
선우 부	그게 뭐가 중요해.
선우	하셨어요⋯??!!
선우 부	못 할 말 한 거 아니야.

선우, 숨을 쉬기 어렵다. 분노가 정리가 안 된다.

선우	어떻게!!! 어떻게⋯ 그 어린 애한테 그런 말을⋯ 네!!!
선우 부	목소리 낮춰. 무슨 짓이야 이게.
선우	안녕히 돌아가세요.

선우 자리를 박차고 나간다. 선우 부 분노한다.

30.　　　거리 (밤)

선우가 눈물이 멈추질 않는다. 미칠 거 같다.
어쩔 줄 몰라 서성인다. 떨리는 손으로 소원이의 번호를 찾는다.
그러다 다시 접고… 다시 열어 번호를 열고. 전화를 건다.

소원(F)　　응 오빠.

선우　　　(목이 멘다) 잘 들… 음음… 잘 들어갔지?

소원(F)　　응. 오빠 목소리 왜 그래?

선우　　　(눈물을 꾹 참아도 툭… 툭…) 감기가 올 건가 봐.

소원(F)　　매운 거 먹어서 그런 거 아니고? (웃는 소리)

선우　　　그런가…? (목이 메는 것을 겨우 참으며) 의정부에. 만두 맛집 있더라.
　　　　　줄 서는 집이래…. 다음에 거기 가자….

소원(F)　　좋지.

선우　　　소원아.

소원(F)　　왜 자꾸 불러….

선우　　　…. 잘 자라고.

소원(F)　　오빠도 빨리 들어가.

선우　　　그래….

통화를 마친 선우가 오열한다. 쭈그리고 앉아 펑펑 운다.

31.　　　진석 집 안방 (밤)

캐리어에 옷을 넣는 진석. 그 모습을 보고 있는 선주. 열이 받는다.

선주	뭐 하는 거예요.
진석	당분간 호텔에 있을 거야.

선주, 미치겠다. 욱해서 지른다.

선주	너무 치사하지 않아요?
진석	(기가 막혀 선주를 본다)
선주	다 알고 있었다면서 왜 이제야 말하는데… 얼마나 오랫동안 날 경멸하면서 살아준 거야? 어?
진석	경멸이라는 말이… 그렇게 쉽니? 용기가 없었던 거야.
	모든 걸 꺼내놓을 용기! 당신도 괴로웠겠지. 그 곁에서 난 좋았을까?
선주	이게 최선이야? 이혼하고 싶으니까 이제야 무기로 꺼내놓는 게 최선이야!
진석	주원이 올 시간 됐어. 그만 얘기하자.
선주	주원이를 왜 당신이 신경 써. 당신 애도 아닌데!!!
진석	…. 선주 니가. 신경을 안 쓰니까.

진석, 가방을 정리해 나가버린다.
선주, 화가 나서 따라 나간다.

32.   진석 집 거실 (밤)

진석이 나가려고 하는데 주원이 들어온다.
선주, 뭐라고 더 말하고 싶지만 참는다.
주원이는 진석의 가방을 본다.

주원	아빠 어디… 가?
진석	아빠… 출장 가.
주원	…언제 와?
선주	금방 오셔. 들어가 손 씻어.

주원, 선주 눈치 보며 진석을 지나치는데, 진석이 주원의 손을 잡는다.
뭐라고 설명하고 싶지만 마땅한 말이 없다.

진석	전화할게. 핸드폰 잘 가지고 다녀.
주원	응.

진석, 집을 나선다. 주원은 돌아서 방으로 들어간다.
혼자 남은 선주는 엉망이다.

33.   진석 자동차 안 (밤)

찬영과 통화 중이다.

진석   너네 집 가까운 호텔에 있을 거야. 무슨 일 있으면 바로 연락해.

34.   찬영 집 거실 (밤)

진석의 이야기를 듣고 마음이 복잡한 찬영.
협탁에 있는 소설책 『내게 무해한 사람』 안쪽 표지를 연다.

볼펜으로 적는다.

[진석이 집에 돌려보내기]

그 위로 여러 문구들이 보인다.

[미조 친엄마 찾기]
[주희 셰프랑 연결해주기]

제일 힘없는 글씨로 쓴 문장 보인다.

[엄마 아빠께 인사하기….]

소설책 안표지를 바라보는 찬영. 그 곁에 탁상 달력을 본다.
다음 달… 다음 달을 넘겨본다. 12월을 본다.

찬영   크리스마스까지만… 그때까지는….

찬영, 울컥 눈물이 올라온다.

35.   미조 자동차 안 (낮)

미조와 찬영이 양평으로 가고 있다.
차 안의 공기가 무겁다. 서로 뭔가 할 말을 찾고 있다.

미조	주희는 맛있는 거 뭐 만들어 올까?
찬영	장담하는데, 다 맛없어.
미조	주희 요리는 쉴드가 안 되긴 해.
찬영	야, 연구 좀 해봤어?
미조	뭐?
찬영	아, 주희랑 그 셰프랑!!
미조	(아차…) 아니 그게… 진짜 모르겠더라고. 엄청 고민했거든? 근데 정말 1도 생각이 안 나.
찬영	(에라이…) 아이큐랑 연애랑 상관관계 빵이구만!
미조	난이도가 있잖아! 여친 있지, 주희 나이 많지! 어렵다고….
찬영	도전을 해야지, 공격적으로, 어? 너한테 기대한 내가 바보지.
미조	(젠장…) 나 왜 욕먹어?
찬영	운전이나 하세요.

조용해지는 차 안.
찬영이 오디오를 켠다. 라흐마니노프 음악이 나온다.

찬영	넌 이게 그렇게 좋냐?
미조	응.
찬영	클래식이 얼마나 많은데 이것만 들어.

라디오를 누르려 하자,

미조	두지.
찬영	다운된다고.
미조	그럼 라디오 들어.

라디오에서 가요가 나온다.

미조   오늘… 말씀드릴 거야?

찬영   …. 나도 정리가 안 되는데 어떻게 벌써 말하냐….

미조와 찬영 마음이 착잡하다.

36.   제이피부과 선우 진료실 (낮)

선우 안색이 안 좋다. 진료를 보는데 식은땀이 난다.

선우   약 3일치 드릴게요. 발톱무좀은 좀 오래 치료하셔야 돼요.

남환자   낫나 싶으면 또 올라오고…. 다 낫긴 하는 거죠?

선우   네. 약을 꾸준히 드셔야 되는데 좀 독하니까 식사 잘 챙겨 드세요.

남환자 인사하고 나간다. 모니터를 보며 처방전을 적어 넣는 선우.
머리가 어질어질하다. 미현이 들어온다.

미현   오전 진료 끝이에요, 선생님.

선우   네.

미현   점심 같이 드시죠?

선우   아 전 좀 쉴게요. 컨디션이….

미현   그러게요. 안 좋아 보이는데?

선우   잠을 좀 못 자서…. 잠깐 눈 붙이면 좋아질 거 같습니다.

미현, 웃으며 나간다.

혼자 남은 선우 눈을 감는다.

FB (5화 S#27)/

소원 *내가… 고아원에 계속 있었으면 어떤 사람이 됐을까?*

…그래도 부잣집에 입양돼서 피아노라도 두드리고 살았지,

그냥 고아로 버티다가… 젓가락이나 두들기고 살지 않았을까?

FB (5화 S#29)/

선우 부 *해줄 만큼 했어! 개도 지 인생에 넘치는 지원 받은 거야.*

고아원에 계속 있었어 봐, 피아노를 쳐? 줄리아드 음대?

어디서 젓가락이나 두들기고 살겠지.

괴로운 선우.

37.   정가네일품밥상 안 (낮)

손님맞이가 한창이다. 미조와 찬영이 들어온다.

카운터에 있던 찬영 부가 너무나 반가워한다.

찬영 부   찬영아!

찬영   가게 장사 잘 되네… 나 좀 얹혀살아도 끄떡없겠어.

미조   안녕하셨어요, 아버지!

찬영 부   오늘 무슨 날이야? 이쁜 애들이 둘이나 왔네. 여보!!!

주방에서 고개를 내미는 찬영 모. 두 사람 보니 반갑다.

찬영 모	밥은?
찬영	인사가 늘 밥이야.
미조	주세요! 배고파요.
찬영 모	앉아.

찬영 미조, 자리에 앉는다.

38.　　정가네일품밥상 홀 (낮)

식사를 하는 미조와 찬영. 찬영은 잘 먹지 못한다.
찬영 부가 반찬을 당겨준다.

찬영 부	너 다이어트 그런 거 하지 마. 팍팍 먹어야 건강하지.
찬영	그런 거 안 해⋯.
미조	저희 없어서 못 먹어요 아버지.

찬영 모가 와 앉는다.

찬영 모	아이고 다리야⋯.
찬영	엄마. 사람을 더 고용해. 이렇게 바쁜데 이모님 두 명이랑 돌아가?
찬영 모	바쁠 때만 바빠. 근데 웬 바람이야? 자주 온다 너?
찬영	오늘 미조 휴무라서 어디 놀러 갈까 하다가 왔어.
미조	딱히 갈 데도 없어요.

찬영 모	코다리찜 좀 해줄까?
미조	아니요 이거 다 언제 먹어…. (웃는다)
찬영 모	넌 얼굴이 왜 이렇게 살이 내렸어? 병원에 가봤어?
찬영	레슨이 많아서 그래.
찬영 모	그럼 일을 좀 줄여야지, 죽나면서까지 그래…!
찬영	알았어. 레슨 줄일게. (하다가) 저기… 엄마랑 아빠랑 건강검진 그런 거 하지?

미조, 잠시 경직. 찬영이가 말을 꺼내려는 걸까….

찬영 부	우린 1년에 한 번 꼬박꼬박 하지.
찬영 모	여보 병원을 바꾸자. 거기 너무 비싸.
미조	서울로 오세요. 제가 아는 병원 모시고 갈게요.
찬영 모	그래도 좋지. (찬영에게) 얘나 좀 데려가라. 귀찮다고 안 하고 살 거 아냐 너.

미조 찬영, 헙….

찬영	나도 했어. 알아서 해….
찬영 모	언제.
미조	아, 주희랑 다 같이 했어요.
찬영 모	잘했네. 의사 친구 있으니까 좋다 야.

미조, 밥이 잘 안 넘어가 물만 마신다.

찬영 모	뭐래. 아픈 데 없어?

미조, 하…. 고개를 숙이고 밥을 떠 넣는다.

찬영   그냥 뭐… 위염 좀 있고. 운동하라 그러고….
찬영 부   너 매운 거 그만 먹어.

매운 반찬을 치우는 찬영 부.

찬영 모 매운 게 문제겠어? 넌 술을 좀 끊어. 미조 너두.
미조   그럴라구요. (웃는다)

차마 아무 말도 전하지 못하는 미조와 찬영.

39.   정가네일품밥상 앞 (낮)

미조와 찬영이 인사한다.

찬영   엄마. 사람을 더 구해. 알았지? 그렇게 무리하면 건강 나빠진다고!
찬영 모 야, 내가 요즘 니 아빠보다 체력이 더 좋아.
          나이 드니까 힘만 세지드라.

찬영, 미조 차 뒷좌석에서 영양제 쇼핑백을 꺼내 엄마에게 준다.

찬영   아빠 거랑 엄마 거랑 따로니까 매일 챙겨 드셔.
찬영 부   영양제 집에 많은데.
찬영   이건 좋은 거야. 쟁여놓지 말고 먹어야 약이지!

재가 왜 저러나 보는 찬영 모. 미조는 안절부절이다.

찬영	갈게.
찬영 부	운전 조심하고 미조.
미조	네. 또 올게요!
찬영 부	그래 자주 와.

미조, 인사하고 운전석에 오른다. 찬영도 차 문을 연다.
타려다가 엄마 아빠에게로 돌아서 각각 허그한다.

찬영	간다!

찬영도 차에 탄다. 멀어지는 미조의 자동차를 바라보는 찬영의 부모.

찬영 모	…. 저거… 무슨 일 있어.

찬영 부도 같은 느낌이다.

40.   미조 자동차 안 (낮)

미조와 찬영 아무 말도 없다. 라디오에선 디제이의 무의미한 멘트들만
어지럽다.

찬영	차 잠깐 세우자.

41.   풍경 좋은 국도 변 (낮)

미조와 찬영이 먼 곳을 바라보며 서 있다.

미조   울어 그냥.
찬영   ….

두 사람 마음이 찢어진다.

찬영   우리 엄마 아빠 자식 하나 더 낳지.
미조   ….
찬영   나 죽으면 나중에 우리 엄마 아빠 상주는 누가 하냐.
미조   나도 있고. 주희도 있어.
찬영   제사는 누가 차려 주냐.
미조   내가 할게.
찬영   (미조를 본다) 정말… 해줄 거야…?
미조   (눈물을 참는다) 응. 내가 할 거야.
찬영   (다시 먼 곳을 보며) 엄마 아빠 보니까… 현타 온다.
미조   우리… 어떡하지…? 나도 잘 모르겠어 찬영아….
찬영   울자 그냥.

두 사람 눈물을 더 참을 수 없다.
찬영이 주저앉아 엉엉 운다. 미조도 그 곁에 앉아 펑펑 운다.
다 큰 여자 둘이서 쭈그리고 앉아 마음 내려앉도록 울고 있다.

42.   제이피부과 미조 진료실 (밤)

미조, 오늘 진료들을 확인하고 있다.
미현에게 전화가 온다.

미조   어 언니. 나 병원. 오늘 진료한 거 보고 있지.

            응. 응. 응? 김 선생님이 왜? 어… 많이… 아파?

미현(F)   모르겠어. 식사도 하나도 못 하드라. 몸살 난 거 같던데?

            전화 좀 해봐. 내일 못 나오면 니가 진료 봐야 돼.

미조   응. 전화해볼게.

선우가 걱정된다. 핸드폰을 찾는다.

43.   선우 집 침실 (밤)

끙끙 앓고 있는 선우. 핸드폰 진동이 울린다. 아버지다.
받지 않는다. 또 울린다. 이젠 무음으로 해두는 선우.
선우는 돌아눕는다. 핸드폰에 '작약' 뜬다. 무음이다.

44.   선우 집 앞 (밤)

서성이는 미조. 들어갈까 말까… 불이 켜진 것을 본다.
초인종 소리 선행되며.

45.   선우 집 현관 (밤)

현관문을 여는 선우. 미조가 서 있다.
선우, 놀라면서도 반갑다. 미조, 걱정스런 얼굴로 서 있다.
선우, 미조를 보자 자기도 모르게 맨발로 현관을 내려가 미조를 와락
안는다.
미조, 놀라지만 거부하지 않는다.

46.   선우 집 거실 (밤)

미조와 선우 소파에 앉아 있다.

미조   전용 피시방이라면서 전화도 안 받고.
선우   무음으로 해둬서….
미조   어디 아픈 건 아니죠?
선우   두통이 좀. 심하진 않아요.
미조   소원 씨랑 점심도 먹고 다행이다 싶었는데… 왜 두통이 온 거예요?
선우   …. 내가. 소원이한테… 믿음직한 오빠가 아니었다는 걸 알게 돼서.

미조, 무슨 일이 있었던 걸까….

선우   미조 씨는 어땠어요? 지금 부모님, 언니… 처음부터 든든하고 아늑하고
그랬어요?
미조   (생각) 아니. 나는… 두 번이나 파양됐었어요.
선우   !!

미조	내가 말이 없다고. 차갑다고. 기억이 나… 말을 거의 안 했던 기억.
선우	(듣는다)
미조	우리 집에 왔을 때도 한 달 넘게 말을 안 한 거 같아.
선우	왜 말을 안 했어요?
미조	불안해서.
	내가 왜 라흐마니노프 피아노협주곡 2번만 좋아하는지 알아요…?

차분해지는 미조의 얼굴.

미조	어느 날 낮잠이 들었는데. 얼핏 깼어요. 그때 거실에서 엄마는 빨래를
	개고 있었고. 음악이 거실에 가득했어. 햇살도 좋구.
	엄마가 나한테 같이 빨래를 개자고 했는데, 그렇게 같이 빨래를 개면서
	말을 하기 시작한 거야. 재잘재잘….
	난 여기서 안전하게… 오래 살 수 있겠구나. 처음으로 아늑했어요.
선우	그래서 라흐마니노프 좋아하는구나.
미조	소원 씨한테 믿음직한 오빠 아니라는 거, 선우 씨 생각이죠?
	소원 씨는 그렇게 생각 안 할 거 같은데.
선우	글쎄. 오늘 아버지를 만났어요.
미조	어, 미국에서 들어오셨어요?
선우	네. 나는 소원이 찾으러 들어오고, 아버진 나 찾으러 들어오고.
	덕분에 아버지가 소원이한테 상처를 많이 준 걸 알게 되고.
	(정말 미치겠는 쓴웃음) 미치겠어. 엄두가 안 나, 뭘 어떻게 해야 할지.
미조	뭐가 엄두가 안 나, 아버지가 동생한테 더 상처 주지 못하게 가드해야지.
선우	(웃는다) 정답이네.
미조	그러니까 기운 내요.

미조와 선우 미소를 짓는다. 서로 그렇게 바라보다가 키스를 한다.
다시 서로를 바라보는 미조와 선우.

선우   다음에 소원이 만나면… 다시 소개해도 될까?
        오빠 여자 친구라고….

        미조, 차분하게 선우를 본다. 자신의 마음도 차분하게 들여다본다.
        선우, 마음이 좀 초조하다.

미조   정찬영이 이걸 봐야 되는데.
선우   (갸웃…)
미조   서른아홉 뜨거운 연애 보여준다고 했거든.

        미조, 이젠 선우를 선명하게 바라본다.
        선우와 미조, 서로 애틋하게 바라보며 다시 입 맞춘다.

47.   차이나타운 안 (밤)

        주방에서 스프를 끓이는 주희와 현준.

현준   이거 엄청 정성이 들어가야 되는 거네.
주희   그래서 몸에 좋은가?
현준   정말 세 분은 찐우정입니다. 찐우정.
주희   10대에 만나서 20대를 보내고 30대 끝자락이면 뭐.
        괜찮은 우정 같긴 해요.

그러면서도 쓸쓸한 주희.

현준   난 군대 동기가 젤 친한데.
주희   군대에서 같이 축구한 친구?
현준   어, 맞아요!

모처럼 크게 웃는 주희와 현준.
현준은 자꾸 핸드폰을 체크한다. 그 모습을 본 주희.

주희   아직 화해 안 했어요?
현준   그게 좀…. 내가 하기도 뭐하고. 혜진이도 연락이 없고.
          답답… 합니다.
주희   오빠가 먼저 연락을 하는 게 낫죠. 혜진 씨도 지금 미안해서 연락 못 하
          고 있지 않을까? 생파 때 현준 씨 속상했을 거 알걸?
현준   그럼 자기가 먼저 연락을 해야지 왜 잠수야.
주희   너무 미안하면 그렇게 되던데?

현준, 그런가… 망설인다.

주희   먼저 연락해요. 아무 일도 없는 거처럼.

현준, 용기를 내서 문자를 적는다. 그 집중한 모습을 보는 주희.

현준   보냈어! (하다가) 연락 씹으면 어떡하지…?

그새 전화가 온다. 혜진이다. 얼굴이 환해지는 현준.

주방을 나가며 전화를 받는다.

현준   어 혜진아! 오빠 가게지… 넌? 그래? 재밌겠네… 응. 응….

통화를 하며 가게 밖으로 나가는 현준.
유리를 통해 통화하는 현준을 보는 주희. 현준이 매우 좋아하는 얼굴을
본다.

주희   좋을 때다….

스프를 젓는 주희.

48. ____ 선우 집 앞 (밤)

미조를 배웅하는 선우.

미조   우리 소원 씨랑 밥 먹을까요?
선우   어….
미조   오빠 눈에 걱정만 잔뜩 들어 있는데 소원 씨가 좋아하겠어요?
         같이 봐요. 내가 재주는 없지만 재밌게 좀 해볼게.
선우   그래도… 될까요?
미조   괜찮은 날 병원으로 나오라고 해요. 우리 맛있는 거 사줘요.

미조 차에 타고 출발한다. 선우 오래도록 차를 본다.

선우 부가 찾아왔다. 진석이 반가운 얼굴로 이야기 중이다.

선우 부   나온 김에 아버지랑 라운딩 좀 돌까? 요즘 많이 바쁘셔?
진석   제가 조용하니까 아마… 한가하실 걸요?
선우 부   건강은 좀 어떠셔. 선거 때마다 많이 도와주셨는데 안부도 못 묻고 산다.
진석   솔직히 뭐, 의원님 국회 계실 때 우리 아버지가 더 덕 봤죠.

너스레 웃는 진석.

선우 부   어디 가서 그런 소리 하면 큰일 나 이 사람아.
진석   농담이에요. 선우는 만나셨어요?
선우 부   그놈 때문에 왔어.
진석   ?
선우 부   이놈이 뭐가 잔뜩 화가 났는지 전화도 안 받아.
          부모가 죄지. 가서 달래야지 수 있나.
진석   제가 혼낼까요?
선우 부   혼 좀 내. 미국에서 여기가 좀 멀어?
          얼굴 한 번 비추고는 끝이야. 선우 일하는 병원… 아니?
진석   알죠. 제가 소개했는데.

선우 부, 만족하는 얼굴이다.

50.   제이피부과 선우 진료실 (낮)

선우 통화를 하고 있다.

선우   니가 오빠 도와줘야 돼. 물론 오빠가 매력이 없진 않은데.

          그래도 마흔 다 돼서 만나려니까 뭔가 어설프단 말이야.

소원(F) 그때 그 원장님 맞지?

선우   어~! 진짜 4차원이거든. 어떻게 진도를 나가야 하는지 플랜이 안 나와.

          도와줄 거지? 응. 응. 역시 동생밖에 없다! 오늘 저녁에 나올 수 있어?

          그래. 퇴근 시간 맞춰서 나와. 그래. 이따 봐!!

기분 좋게 통화를 마치는 선우.

진료실 문에 기대선 미조를 보고 화들짝.

선우   아 깜짝…

미조   진짜 4차원. 혹시 나?

선우   들렸구나….

미조   4차원이면 뭐, 꼴통… 그런 거잖아.

선우   아니… 그래야 소원이가 이제…

미조   4차원 꼴통은 외출 좀 하겠습니다.

          진도 플랜이 안 나오는 사람은 아니던데….

고개를 절레절레하며 나가는 미조. 선우 쩝… 이내 풉 웃는다.

51.   찬영 레슨실 (낮)

주희, 보온병에 담아온 스프를 따라서 찬영에게 준다.
미조, 올… 냄새를 맡아본다.

주희   이거 차이나타운 주방에서 3시간도 넘게 만든 거야.

미조와 찬영 반색한다.

미조   현준 씨도 같이?
주희   응.
찬영   (주희 머리를 껴안고) 아유 기특한 놈… 잘했어!!
미조   3시간 동안 무슨 얘기 했어? 엄청 가까워졌겠네?
주희   좀 가까워진 거 같긴 해.
찬영   좋다. 아름답다.
주희   내가 상담을 좀 해줬거든. 혜진 씨랑 헤어질 거 같더라고.

미조와 찬영, 뭐???

주희   여자 마음은 이렇다. 현준 씨가 먼저 연락을 해라… 조언을 해줬지.
미조   그래서.
주희   다시 잘 만날 거 같던데?
찬영   야!!!
주희   어머 깜짝이야… 왜 승질이야?
미조   장주희. 와… 넌 정말… 서너 시간을 이걸 만들면서 고작….
       아유 혈압 올라….

찬영	니가 왜 헤어진 연인을 다시 붙여줘 붙여주길!
주희	헤어진 거 아니야. 헤어질 뻔~! 한 거지.
미조	니가… 테레사야? 간디야? 아니 인류애를 왜 발휘하고 막 오바지!!
주희	맘고생을 엄청 하더라고.
찬영	오지랖, 오지랖….
주희	오지랖이 정성껏 끓인 히포크라테스 숩~을 좀 먹지 그래.
	정성 가득. 영양 만점.
미조	그래 일단 먹어. 고생해서 만들었잖아.
찬영	(숟가락을 들며) 썸 좀 타면서 만든 거면 얼마나 좋아.
	기운이 팍팍 날 거 아냐.

찬영, 한 숟갈 먹더니 푸~!! 뱉을 뻔.

찬영	맛이 뭐야 이거~!!
미조	(숟가락 쥐여주며) 히포크라테스 이름만 들어도 건강해진다 야.
	누가 지었을까? 자 먹자~ 아~

투덜거리며 먹는 찬영. 미조와 주희가 그렇지 그렇지 응원한다.

52.   제이피부과 로비 (밤)

모두 퇴근하고 선우와 소원이가 차를 마시며 소파에 앉아 있다.

소원	웃겨. 오빠가 좋아하는 여자 생겼다고 하는 거 처음인 거 같아.
선우	예쁘지 않냐?

소원   아 적응 안 돼 정말….

크큭 웃는 소원. 선우 그런 소원이를 보니까 기분이 좋아진다.
이때 미조가 들어온다.

미조   늦어서 미안해요~! 배고프죠?
소원   아니요. 금방 왔어요.

소원, 미조가 편하게 다가온다.

미조   뭐 먹지? 에너지를 다 쓰고 왔더니 너무 허기진다!
선우   어디 갔다 왔는데요?
미조   4차원 친구가 한 명 있는데, 같이 놀아 주려니까 기가 쭉쭉 빠져나가.
           그 친구에 비하면 나는 뭐 한… 2차원?

소원 빵 터진다.

선우   뒤끝이 이렇게 길다고.

분위기가 좋다. 서로 편안한 사이 같다. 웃음이 끊지 않는다.
이때 문을 열고 들어오는 사람, 선우 부.

미조   어… 진료가 끝나서요….

하얗게 질리는 소원의 얼굴.
더 놀라고 빠르게 분노로 뒤덮이는 선우의 얼굴. 미조는 영문을 모르고.

선우 부   이 조합은… 뭐니 선우야.

미조, 놀라서 선우를 본다. 선우의 얼굴이 터지기 직전이다.
감이 잡히는 미조, 소원이를 본다.
겁에 질린 거 같은 소원이가 아주 어린아이 같다. 떨고 있는 소원.

선우   왜… 여길 오세요.
선우 부   (소원에게) 왜 여기 있니?

소원 아무 말도 못 하고 이 자리를 피하려 나서는데.
미조가 소원의 손을 잡는다. 뿌리치려는 소원의 손을 더 꼭 잡는 미조.

미조(N)   소원이의 얼굴에서… 고아원에 있던 내 얼굴이 보였던 걸까.
기댈 곳 없었던 불안한 하루하루… 그때의 내 어린 날이 보였다.
막연했지만… 이 사람의 라흐마니노프가 되어주고 싶었다.

라흐마니노프 피아노협주곡 제2번 격정적인 파트가 진행되며.
미조의 눈은 소원이를 본다. 소원이가 미조를 본다.
미조의 눈은 단단하다. 도망가지 마….
그 앞으로 나서서 두 사람을 막아서는 선우, 아버지와 대치한다.

엔딩.

제6화

신념

1.   프롤로그

미조 고등학교 교무실.
교복을 입은 미조가 담임선생님(남, 40대 후반) 앞에 서 있다.
고집스러워 보이는 미조의 굳은 얼굴.
담임은 난감해서 미조를 참 나… 바라본다.

담임   미조야. (와… 나…) 굳이… 어?
미조   ….
담임   (미조 가까이 소근) 막말로 니가 커닝한 게 아니잖아….
미조   커닝한 거 맞아요.

미조 소리에 다른 선생님들이 주목. 담임 더 쉴드 불가능.

담임   우지현이 커닝 페이퍼 걸린 거잖아 인마!
미조   커닝 페이퍼가 제 옆에 떨어졌는데. 제가 그걸 봤어요.
담임   (답답…!!) 눈앞에 떨어지니까 보였겠지, 당연히 보이지!
        시력도 좋은데 안 보이겠니 그게!
미조   제가 모르는 문제였어요. (차분하게 담임을 본다) 역사 23번 주관식.
        답을 몰라서 속상해하고 있었어요. 근데… 그걸 봤어요.
        그래서 답안지에 적었는데. 안 되겠어요. 저도 오답 처리 해주세요.

담임, 하이고… 웃음이 난다. 그래도 기특하게 미조를 본다.

담임   6점짜리야. 알지?
미조   네.
담임   알았어. 가봐.

미조, 목례를 하고 돌아서 간다. 담임이 흐뭇하게 보고 있다.

/실로암분식.
미조가 라면 국물을 원샷 후 내려놓는다.
찬영과 주희가 턱을 괴고 신기하게 보고 있다.

주희   니가 옛날에 태어났으면. 교과서에 위인으로 남았을 걸?
찬영   야. 너가 그거 본 거… 누가 봤니??
미조   아니.
찬영   (와 씨…) 근데 왜 굳이 어? 너 내신 목숨 걸잖아. 근데 왜??
미조   정직해야지.
찬영   지랄… 속 터져서 라면 두 개나 처먹으면서.
미조   (하… 스트레스 여전하다) 하나 더 먹을까?

말리는 찬영과 주희. 미조는 더 먹을 게 없나 두리번….

부제 '신념'

2.　　　　제이피부과 로비 (밤)

　　　문을 열고 들어오는 사람, 선우 부.

미조　　어… 진료가 끝나서요….

　　　하얗게 질리는 소원의 얼굴.
　　　더 놀라고 빠르게 분노로 뒤덮이는 선우의 얼굴. 미조는 영문을 모르고.

선우 부　　이 조합은… 뭐니 선우야.

　　　미조, 놀라서 선우를 본다. 선우의 얼굴이 터지기 직전이다.
　　　감이 잡히는 미조, 소원이를 본다.
　　　겁에 질린 거 같은 소원이가 아주 어린아이 같다. 떨고 있는 소원.

선우　　왜… 여길 오세요.
선우 부　　(소원에게) 왜 여기 있니?

　　　긴장이 가득한 네 사람.

선우 부　　소원이 오랜만이구나.
소원　　…. 안녕하셨어요….
선우 부　　좋아 보이네.
선우　　저희 약속이 있어서요. 전화드릴게요 아버지.

　　　미조, 선우 부를 차분하게 바라본다.

선우 부   (미조를 보며) 누구…?

선우가 말하기 전에 미조가 미소를 보이며 인사한다.

미조   처음 뵙겠습니다. 여기서 김선우 선생님이랑 같이 일하고 있어요.
선우 부   원장님이신가…?
미조   네. 작은 병원이라 원장이라고 하긴 좀…. (웃는다)

선우 부, 미조를 찬찬히 본다.

선우   급한 일이세요?
선우 부   아들이랑 저녁이나 먹을까 해서 지나던 길에.
선우   선약이 있어요.
선우 부   (소원이를 보며) 같이?

미조, 이 상황을 어떻게 해야 하나 난감하다.
선우 부는 소원은 관심도 없고 미조를 본다.

선우 부   모처럼 아들이랑 저녁이 먹고 싶었는데….
          (미조에게) 폐가 안 된다면 조인해도 될까요?
선우   아니요.
미조   저야 뭐….
소원   저는 그럼 다음에 올게요.
선우 부   같이 먹자. 소원이도 오랜만에 만나니까 반갑다.

미조, 소원을 본다. 소원, 차분해지려 애쓴다. 불편한 긴장감이 드는 선우.

3.   일식집 룸 안 (밤)

식사를 하는 미조, 선우, 소원, 선우 부.
선우 부는 오로지 미조에게 관심이 가득하다.

선우 부   아버님 하시는 일이…?

미조, 집었던 회를 내려두고 선우 부의 말을 듣는다.
선우, 경직되어 있다.

미조   대학에서 학생들 가르치셨어요. 지금은 은퇴하셔서 엄마만 귀찮게 하시
        고. 식사를 세 끼 꼬박 집에서 드신다고 구박받으세요.

자리를 부드럽게 만드느라 애쓰는 미조.

선우 부   어느 대학? 알 수도 있을 거 같은데…?
선우   식사 먼저 하시죠 아버지.
선우 부   아이고 이런 실례를. 내가 너무 반가웠나 보네. 들어요.
미조   네….

이 모든 과정 중에 소원은 마치 없는 거 같이 대하는 선우 부.
주눅이 든 것 같은 소원에게 눈이 가는 선우.
미조는 소원이를 애써 살펴보지 않는다. 소원이만 어색한 거 같은 분위기.

선우   소원아, 다른 거 시켜줄까? 회 안 좋아하지?
소원   아니야. 좋아.

분위기가 가라앉자 못마땅한 선우 부.

선우 부   소원이는 여전하구나.

차가워지는 분위기. 미조, 당황하지 않고 조용히 상황을 듣고 있다.

소원   …뭐가요?

선우, 소원을 말리지 않는다. 하고 싶은 말 하라는 듯 바라본다.

소원   어떤 게… 여전해요?
선우 부   이런 거. 분위기 파악이 안 돼서 일행들 무겁게 만드는 거.
소원   고아원 출신이라 그런가 봐요.
선우 부   뭐라고?
소원   늘 그러셨잖아요. 전 눈치 보는 건데… 고아티는 언제 벗을 거냐고 극. 정.
해주셨잖아요.

선우 부, 화가 난다. 미조를 보며 참는다.

선우 부   식사 자리가 영…. 미안합니다 차 원장.
선우   소원아. 그만 일어날까?
소원   죄송합니다. 저는 먼저….

소원, 지른 걸 후회하며 수습하는데.

미조   (화 없는 차분한) 고아티… 티 나는 거. 어쩔 수 없어요, 아버님.

소원, 미조의 이 말을 오해해 좀 원망 어린 시선으로 미조를 본다.
발끈 일어나고 싶다.

미조   아무리 편해도… 내가 입양 온 가정이 사랑이 넘쳐도.
명문고 나와서 의대를 가고 병원 원장이 돼도.
말씀하신 그 고아라는 우울감, 열패감… 못 벗어요.

소원, 점점 일그러지는 얼굴.

선우 부   글쎄 그런 거 같아요. (소원이를 보며) 어쩔 수 없는 거 같기도 하고.
미조   그래서. 더 보듬어주신 거 같아요, 제 양부모님께서.

소원, 뭐라고?? 의외의 커밍아웃에 눈이 커진다.
선우 부는 뭐야… 잘못 들은 건가? 갸웃….
선우, 처음으로 편안해지는 얼굴. 미조가 더 아름다워 보인다.

미조   제가 고아원에서 자라서 그 마음 잘 알아서… 소원 씨만 그런 게 아니
라고… 설명해드리고 싶었어요. 무례했다면… 죄송합니다.

미조, 조용히 물을 마신다.
그런 미조를 보는 소원… 왜 눈물이 고이는 걸까.

선우 부   …. 양부모님께서 참 훌륭한 분들이시네. 이렇게 잘 키워주시고.
(소원을 보며) 우리가 소원이한테 좋은 입양 환경이 아니었나?
미안해서 어쩌냐 소원아.

소원, 더 못 견디고 일어난다.

소원   (나가려다) 덕분에 이만큼 살았어요. 감사하게 생각해요, 엄마랑 오빠
       한테. 건강하세요.

       소원이 나간다. 선우가 일어나려는데,

미조   내가 가볼게요. (선우 부에게) 죄송합니다. 다시 인사드릴게요.

       미조, 얼른 소원을 따라 나간다.
       조용한 실내. 분노가 점점 올라오는 선우 부, 선우는 동요하지 않는다.

선우   보스턴 돌아가실 때 연락 주세요. 공항으로 나갈게요.
       (일어나며) 모셔다드릴게요.
선우 부 한국 나온 김에 굿이라도 하고 들어가야겠어.
       무슨 화가 껴서 니놈 옆엔 죄다….
선우   아버지…!
선우 부 또 보자.

       선우 부, 먼저 일어나 외투를 챙겨 나간다.
       혼자 남은 선우, 답답하다.

4.   길 (밤)

       소원이 어디가 어딘지 모르면서 마구 걸어간다.

그 뒤로 달려오는 미조.

미조   그쪽으로 가면 택시 안 잡히는데!!!

소원, 툭… 걸음을 멈춘다. 미조, 다가와 선다. 잠시 서로 말이 없다.

미조   미안해요.
소원   ….
미조   나 땜에 못 살겠어 나도. 어디서 고아 드립만 나오면 욱욱한다니까.
         분위기 안 좋았죠? 미안….
소원   아니에요. 괜히 제가 동석하게 돼서 분위기만 안 좋았어요.
미조   선우 씨 아버지가 괜히 동석한 거지. 왜 소원 씨가 그래요?

따뜻하게 웃어주는 미조.

미조   이건 저녁을 먹은 것도 아니고 안 먹은 것도 아니고….
         마저 먹으러 가요.
소원   체할 거 같은데….
미조   소주랑 같이 먹으면 안 체해. 믿어도 돼요, 나 의사잖아.
소원   맥주도 소화제예요?
미조   그렇죠! 다 한 집안 애들인데.

씩 웃는 미조, 소원도 피식 웃는다. 미조 핸드폰 울린다.

미조   선우 씨다. (받는다) 우리 2차 갈 건데.

5.   주희 집 주방 (밤)

주희, TV를 보며 맥주를 마시고 있다.
지친 얼굴이다. 문득, 찬영이 생각에 핸드폰을 들고 문자를 보낸다.

문자/ 스프 다시 만들어줄 수 있는데.

찬영에게 답장이 온다.

문자/ 주방장 연애 상담이나 해주면서 만든 스프 사절.

주희, 으유… 맥주를 마신다. 다시 문자 들어온다.

문자/ 엄마한테 실로암분식 거쳐 간 아줌마들 조사해봐. 혹시 미조 엄마 있나.

주희	진짜 진지하네 정찬영….
주희 모(E)	찬영이 온다고?

멸치 똥 딸 것들을 들고 소파로 오는 주희 모.
주희, 자연스럽게 합류해 멸치 똥을 딸 준비.

주희 모	한번 오라니까 얼굴도 안 보여줘 찬영이는.
주희	바빠.
주희 모	병원 다녀?
주희	아니. 그냥 바빠.
주희 모	엄마 아빠한테는 말했어?

주희   아니….

주희 모   입이 안 떨어지지….

주희   엄마, 옛날에 분식집 할 때 말이야. 일하던 아줌마 중에… 고아원 이야기
          하던 사람 없었어?

          주희 모, 주춤… 그러나 주희는 멸치 똥 따느라 못 봤다.

주희 모   글쎄. (하다가) 왜?

주희   찬영이 미조 친모 찾아주고 싶다고 안달이야.
          농담인 줄 알았는데 꽤 진지해.

주희 모   지 아픈 거나 돌봐야지 갑자기 미조 친모는 뭐하러. 잘 사는 애를.

주희   그치? 몰라 찬영이 맘은 그런가 봐. 미조가 친모 찾는다고 나섰다가 우
          리도 만난 거고 하니까. (하다가) 왜 미조 서류에 고척동 실로암분식을
          적어놨을까?

          주희 모, 눈빛이 흔들린다.

주희   멸치 보니까 고추장 생각나네. 엄마도 맥주 하나 줄까?

주희 모   니나 마셔.

          주희, 주방으로 간다. 주희 모 작은 한숨.

주희 모   뭐 하러 찾아… 뭐 하러….

6.　　　이자카야 안 (밤)

미조와 소원이 사케를 마시고 있다. 선우는 음료수를 마신다.
미조와 소원은 꽤 마셔서 좀 취했다.

미조　　이게 보통 인연이 아니야. 같은 학교 나온 사람들은 많아도, 같은 고아
　　　　원에서 자란 사람 만나는 게 얼마나 어려워.
　　　　그런 의미에서 짠.

소원이와 미조가 건배하고 마신다.

미조　　거기 하나도 안 변했어요.
　　　　원장님이 나이 든 거? 그거 말고는 완전 똑같아.
소원　　입양 가고 나서도 계속 가셨어요?
미조　　어렸을 땐 안 갔어요. 내 친구들은 계속 거기서 살고 있잖아….
　　　　괜히 미안하기도 하고. 부모님이랑 언니만 가끔 가고.
　　　　그러다… 언제지? 고등학교 때. 그때부턴 같이 갔던 거 같아요.
　　　　그 후로 자주 가요. 애들도 이쁘고. (웃는다)
선우　　언제 날 잡아서 셋이 가자. 좋지?
소원　　(그냥 웃는다)
미조　　안 가고 싶은 사람도 있어. 다 케바케지. 그죠?
소원　　(또 그냥 웃는다)
미조　　호옥~시 가고 싶으면, 연락해요. 내가 가이드 할게.
소원　　네.

소원, 그럴 수 있을까… 생각에 잠긴다.

그런 소원을 바라보는 선우. 선우를 바라보는 미조.

7.   주희 집 안방 (밤)

주희 모, 서랍 깊숙한 곳에서 편지 한 통을 꺼낸다.
발신 주소가 [영월교도소]다.
마음이 복잡해 보이는 주희 모 얼굴.

주희 모   니 품에 자랐으면… 저만큼 못 됐지….

8.   이자카야 앞 (밤)

미조, 선우, 소원.

미조   나는 갈 데가 있어요. 소원 씨 데려다줘요.
선우   지금?
미조   보고 싶은 사람이 있어서.
소원   오빠 긴장해. 술 마시고 보고 싶은 사람이면 위험한 사람이다?
미조   치명적인 사람인 건 맞는데 위험하진 않아요.
        나 먼저 갑니다~!

미조, 택시를 잡는다. 선우, 누구에게 갈 건지 알 거 같다.

9. 찬영 집 앞 (밤)

찬영이 터덜터덜 걸어온다. 생각이 많은 얼굴이다.

혼자일 땐 어두운 얼굴인 찬영.

찬영, 무심코 집 앞을 보더니 이내 피식… 환하게 펴지는 얼굴.

집 앞에 미조가 쭈그리고 앉아 있다.

미조도 찬영을 본다. 일어나며 씩 웃는 미조.

미조 앞에 서는 찬영. 미조 어린아이처럼 찬영을 물끄러미 올려다본다.

미조   왔어?

찬영   뭐 해 여기서.

미조   너 기다렸지.

찬영   술 냄새 오진다.

미조   적량 마셨는데?

찬영, 미조 옆에 나란히 앉는다.

찬영   뭐, 소주 열 병?

미조   멍충아… 소주를 어떻게 열 병이나 마시냐?

찬영   선우 씨랑 마셨어?

미조   응. 왜, 질투 나냐?

찬영   이 마당에 질투는 무슨. (진심 어린 투덜) 누구라도 친해지면 좋잖아.
        나 없으면 심심할 거 아냐.

찬영, 그냥 툭 한 말인데 옆에 있는 미조가 조용하다.

왜 이래… 미조를 돌아보면.

미조는 안간힘을 다해 올라오는 깊은 슬픔을 참고 있다.

찬영	넌 텄어.
미조	뭐가.
찬영	낙엽만 뒹굴어도 웃는 게 아니라, 울게 생겼어 넌.

미조, 조용히 얼굴을 무릎에 파묻는다. 그렇게 한참을 있는 미조.
미조의 발치에 눈물이 톡… 톡… 떨어지며 땅을 적신다.
소리 없이 눈물을 흘리고 있는 미조.

찬영	울보 증말….
미조	(계속 고개를 숙인 채) 술 끊어야겠다.
찬영	…. 그 좋은 걸 왜.
미조	술이… 눈물로 나오잖아. 짜증 나게….

찬영도 무릎에 고개를 파묻는다. 두 사람이 조용히 고개를 묻고 고요하다.
찬영의 발치에도 눈물이 떨어지며 땅을 적신다.

10.   호텔 룸 (밤)

진석이 시나리오를 읽고 있다.
가끔 멍하게 창밖을 본다. 핸드폰으로 찬영이 전화번호를 찾는다.
통화 누르려고 하는데 [선주] 전화가 온다.
받지 않고 핸드폰을 뒤집어 놓는 진석. 다시 시나리오를 읽는다.

11.   진석 집 거실 (밤)

약이 잔뜩 오른 얼굴로 핸드폰을 소파에 던지는 선주.
주원이 방에서 나와 화장실로 간다.

선주   주원아.
주원   어?
선주   (망설이다가) 아빠가. (또 망설이다) 니 전화 받니?
주원   나 전화 안 해봤는데. (사이) 해볼까?
선주   아니야. 뭐 좀 먹을래?
주원   아니.

주원, 화장실로 들어간다.
선주, 핸드폰을 야속하게 바라본다.

12.   백화점 직원 계단 (낮)

유니폼을 입은 주희가 다리를 주무르며 계단에 앉아 있다.
미조도 곁에 앉아 있다.

미조   다리 아프지.
주희   아프지. 허리도 아파 이제. 늙었어.
미조   내가 주물러줄까?
주희   종아리는 남이 주무르면 간지럽더라?
미조   남이냐?

주희   그런 뜻이겠냐?

둘 다 웃는다.

주희   상의할 게 뭔데? 찬영이 일이지?
미조   응…. 찬영이 혼자 두는 게 맞나 싶어서. 먹는 것도 그렇고….
       혼자 지내면 더 힘들잖아.
주희   양평 엄마 아빠한테는 진짜 말 안 한대?
미조   갔었는데.
주희   말했어??
미조   말 안 하더라. 내가 말할 수도 없고… 시간이 좀 걸릴 거 같아.
주희   밥은 먹나 몰라.
미조   지구에서 제일 신나는 시한부 하자고 해놓고, 막상 뭘 해야 될지 모르겠다.
주희   …. 요즘 잠이 안 와. 그러지 말아야지… 하는데도. 매일 울어.
미조   나도.

잠시 각자의 감정에 있는 두 사람.

미조   우리가 순번 정해서 가자.
주희   찬영이 지랄 지랄할 텐데.
미조   우리도 지랄 지랄하지 뭐.

미조, 주희 손을 가져다 꼭 잡는다. 그 손을 토닥토닥해주는 미조.

13.   모멘트 매장 (낮)

50대 아줌마와 20대 딸이 테스트용 화장품으로 손등과 팔등에 도배를
하고 있다. 주희는 애써 신경 쓰지 않고 있다. 직원이 슬쩍 투덜거린다.

직원   테스트를 30분째 하고 있어. 미쳐….

주희, 별말 하지 말라고 눈으로 말하며 웃는다.

아줌마(E)   여기!

주희 돌아보면, 아줌마가 손으로 까딱 부른다. 다가가는 주희.

주희   도와드릴까요?
아줌마   (샘플용 세럼 들어 보이며) 비었는데?
주희   (왼 손등 가리키며) 이쪽에 발라보신 게 이 세럼이에요.
아줌마   새로 하나 터서 줘봐. 우리 딸 좀 발라보게.
주희   (난감) 죄송합니다 고객님. 제가 임의로 할 수 있는 게 아니어서….
딸   딴 데 가 엄마. 응대 왜 이래?

주희, 미소를 잃지 않고 응대 중이다.

아줌마   그럼 아가씨가 사비로 하나 터봐. 장사 잘 되면 좋잖아.
주희   (애써 웃으며) 제가요…? 흐흐…. (웃음으로 고사하는데)
아줌마   지 장사 아닌데 돈 안 쓰지.

아줌마 딸을 데리고 가버린다. 멘탈이 흔들리는 주희.

보면, 테스터용 세럼을 다 열어두었다.

화가 나는 주희, 그저 조용히 정리를 한다.

14.   제이피부과 로비 (낮)

점심시간. 한적한 로비. 미현이 지나간다.

선우, 진료실에서 나온다.

선우   식사하셨어요?

미현   너무 많이 먹었어요. 오후에 졸릴 거 같아.

선우   차 원장님은 같이 안 갔어요?

미현   점심 약속 있다고 하던데?

선우   아….

미현   김 선생님은 식사 안 해요?

선우   시간을 놓쳤어요. 간단하게 뭐 좀 먹고 오려구요.

미현   천천히 빨리 오세요~!

선우   (웃는다) 네!

15.   카페 앞 길 (낮)

선우가 지나간다. 무심코 바라본 카페 안.

미조가 우두커니 혼자 앉아 있다. 혼자인 미조는 매우 무겁고 비어 있
는 얼굴이다.

깊은 한숨을 쉬며 멍하게 시선을 돌리는 미조를 바라보는 선우.
아는 척하면 안 될 거 같아 그냥 모른 척하고 지나간다. 맘이 안 좋은
선우.

16.   온누리보육원 마당 (낮)

소원이가 망설이며 들어선다.
조용한 마당. 소원, 옛 생각을 하며 둘러본다. 금방 미소가 지어진다.

원장(E)   소원이니?

소원, 놀라서 돌아보면, 믿을 수 없다는 반가운 표정의 원장이 보인다.

17.   온누리보육원 원장실 안 (낮)

차를 마시며 마주 앉은 소원과 원장.
원장은 신기하고 좋아서 소원 얼굴에서 눈을 떼지 못한다.

원장   선우한테 너 잘 있다는 말은 들었어도 궁금했는데… 잘 왔어.
소원   정말 변한 게 거의 없네요.
원장   여긴 그렇지 뭐. 그래도 리모델링 한 번 한 거야.
소원   원장님은 똑같아요.
원장   늙었지 뭐가 똑같아… 갑자기 어떻게 왔어? 깜짝 놀랐어.
소원   …한번 와보고 싶었어요.

원장	잘 왔어. 소원이 얼굴은 그대로다. 어렸을 때 너 참 많이 웃었는데.
	너 웃음소리가 듣기 좋았거든.
소원	그래요?

소원, 씁쓸하게 웃는다.
원장, 소원의 어떤 어두움을 느낀다. 하지만 내색하지 않는다.

원장	와보니까 어때?
소원	(고개를 끄덕끄덕) 좋아요. 정말 좋아요.

소원, 뭔가 안정감을 느끼는 거 같다. 원장의 인자한 미소가 좋다.

18.   제이피부과 로비 (밤)

모두 퇴근해서 조용한 병원 실내.
부분조명만 밝혀져 있다. 원장실 쪽에 불이 켜져 있다.

cut to.
원장실. 카메라 원장실로 찾아 들어가면. 아직도 가운을 입고 뭔가 열심히 몰두 중인 미조가 보인다.
노트북으로 말기 암 환자 심리 상태를 검색하며 메모 중이다.
책상 한쪽엔 먹다가 만 샌드위치 보인다.
선우에게 전화가 온다.

미조	어 선우 씨.

선우(F)	어디예요?
미조	아직 병원이에요.
선우(F)	오케이~!
미조	여보세요? 선우 씨?

전화가 끊겼다. 미조, 뭐야….

(점프)
책상 앞에 선우가 미조와 마주 앉아 있다.

선우	(샌드위치 보며) 이게 저녁이에요?
미조	별로 배가 안 고파서. 언니가 주고 갔어요.
선우	밥을 제대로 먹어야지….

하면서, 미조가 베어 먹었던 샌드위치를 집어 서슴없이 먹는 선우.
미조, 당황한다.

미조	왜 먹던 걸 먹어요, 다시 시켜줄게.
선우	맛있는데 왜….

정말 맛있게 먹는다. 미조, 그런 선우가 좀 편안한 사람으로 느껴진다.

미조	근처에 있었어요?
선우	서점에 갔다가 병원에 불이 켜져 있어서 전화해봤죠. (싱긋)
	아, 내가 미조 씨랑 같이 하면 재밌을 거 같아서 샀는데….

선우, 발밑에 둔 쇼핑백에서 종이접기 책과 색종이 묶음을 꺼내 놓는다.

선우   이거 시간 엄청 잘 간대요. (뻥친다) 여기 작약 접기도 있을 걸?

미조, 흠… 턱을 괴고 선우를 본다. 정말 이게 재밌다고…?
선우, 이거 아닌가?

선우   아니면!

미조, 또 뭘…. 선우 쇼핑백에서 캘리그라피 책과 필기구 꺼낸다.

선우   명언들 있잖아요. 아니면 뭐… (혼자 상당히 집중, 심각) 듣기만 해도 힘
이 나는 문구들. 좋아하는 시! 그런 것도 좋네.
그런 거 예쁘게 써보면서 머리도 식히고. 좋겠죠?
미조   (별로지만) 아…. (책을 펴보며) 한글이 참 예뻐. 와….
근데 되게 어렵겠다.

책을 슥 내려놓는다. 선우, 이것도 아닌가. 또 꺼낸다.

미조   또 있어??

선우, 이번엔 성공일 걸 비장하게 턱!! 꽃이 가득한 컬러링 북 각 두 권.
48색 색연필!
미조, 이런 걸 다 준비한 선우를 새삼 다시 바라본다.

선우   이게 딱 좋지. 여기도 작약 있을 걸? 이건 괜찮죠?

해보고 싶죠?

선우, 반짝이면서도 흔들리는 눈빛. 아무것도 마음에 안 드니…?
미조, 빙그레 웃는다.

미조	이 중에서 고르면 돼요? 혹시 다른 거 더 있는 거 아니야?
선우	이거는… (주섬주섬 쇼핑백을 만진다)
미조	화수분이야? 계속 나와… (너무 웃겨서 소리 내어 웃는다) 뭔데요?
선우	혹시 몰라서…. 그냥 집어 온 건데.
미조	뭔데~!

선우, 수줍게 꺼내면. 올림피아드 수학 경시 대회 문제집.
미조, 방긋 웃던 얼굴 정색. 와우….

미조	혹시 심심할 때 이런 거 풀고 놀아요?
선우	(들켰다. 완강히 거부) 아니요.

미조, 눈치챈다. 이러고 노는구나… 너무 웃긴다. 컬러링 북을 잡는 미조.

미조	색칠 공부 언제 해보고 안 해봤지? 진짜 오랜만이다.

미조, 색연필 케이스를 열고 가운을 걷어붙이고 본격적으로 색칠을 시
작한다.
선우, 색칠해가는 미조를 보니 기분이 너무 좋다. 뿌듯하다.
남은 컬러링 북 한 권을 펴는 선우. 자기도 색칠을 시작한다.

미조   (색칠에 집중하며) 고마워요.

선우   (보면)

미조   (색칠만 하면서) 선우 씨는. 휴게소 같아. 고속도로 휴게소.
         (조금 칠한 거 들어서 보여주며 방긋) 예쁘죠?

선우   (작정하고 싱긋) 니가 더 예쁘세요.

         미조, 음 그래. 싱긋 웃고는 다시 색칠에 열중한다.

         /집중해서 색칠하는 미조의 얼굴이 아이 같다.
         머리카락이 내려와도 색칠에 집중하는 미조의 얼굴이 아름답다.
         그런 미조를 간간히 바라보며 더 사랑에 빠지는 선우.
         미조는 이 순간 정말 꽃밭을 꾸미듯 열중한다.
         그 모습이 은은한 조명 속에 고요하고 아름답다.

         /미조가 집으려는 색연필을 선우도 집으려 하며 장난을 친다.
         그렇게 미조 손을 잡아보며 장난치는 선우.

         /반짝이는 눈으로 색칠하는 미조의 얼굴을 그리는 듯 보이는 선우.
         미조의 눈, 코, 입… 하나… 하나… 카메라에 담긴다.
         두 사람 눈이 마주친다. 서로 더 편안해지고 아늑함을 느끼는 선한 미소.

19.   차이나타운 안 (낮)
         ───────────────

         브레이크 타임이다.
         알바생도 테이블에 앉아 핸드폰을 보며 쉬고 있다.

현준은 식자재를 정리하고 있다. 문이 열리고 강 선배(남, 30대 후반)가 들어온다.

현준, 강 선배를 보더니 놀란다.

현준   어 형!
강 선배   (가게 둘러보며) 가게 아담한 게 좋다!
현준   오늘 호텔 안 나갔어?
강 선배   못 들었구나? 리모델링 중이야 지금.

현준, 테이블에 강 선배를 앉힌다.

현준   모처럼 쉬겠네! 뭐 마실래, 맥주?
강 선배   물 줘 그냥.

알바생이 일어나자.

현준   쉬어, 쉬어. 내가 할게.

(점프)
당황한 현준의 얼굴. 강 선배는 부드럽게 바라본다.

강 선배   잘 생각해봐. 총괄 매니저님이 너 꼭 데리고 오래.
현준   고맙긴 한데… 가게도 이제 자리 잡았고….
강 선배   여긴 후배 하나 들여서 운영하면 되지. 서로 하겠다고 할걸?
         내가 찾아봐?
현준   (얼버무리듯 웃는다)

강 선배   정 세프 때문에 그래?

흔들리는 현준의 눈빛.

20.   찬영 집 주방 (낮)

백숙을 포장해 온 미조. 찬영에게 닭다리를 떼어준다.

찬영   나 퍽퍽 살 좋아하는데.
미조   어우, 땡큐!

미조, 닭다리 자기 접시에 두고, 가슴살 떼어서 찬영의 접시에.
미조와 찬영, 무념무상으로 먹는다.

찬영   단백질 위주의 식단이냐?
미조   어.
찬영   다음엔 뭐, 수육 그런 거겠네.
미조   어.
찬영   나 물에 빠진 고기 안 좋아하는 거 알잖아.
미조   나도.
찬영   그럼 담엔 삶지 말고 굽자.
미조   안 돼. 지글지글은 췌장에 안 좋아.
찬영   다 안 좋대~!!
미조   야!!
찬영   왜!!

미조	나도 백숙 안 좋아하거든? 수육도 내 돈 주고 사 먹은 적 없고!
찬영	그래서 뭐!
미조	나도 먹잖아. 우정으로.
찬영	넌 신나는 시한부 하자고 해놓고 윽박을 지르고 지랄이야….
	나 환자야!!
미조	데시벨이 좀 높았지? 우아하게 먹자.

살을 발라서 찬영에게 열심히 건네는 미조.

| 찬영 | 저건 뭐야? |

미조, 어? 돌아보면 작은 캐리어 보인다.

| 미조 | 내 옷. |

찬영, 젓가락 내려놓는다.

찬영	여기서 살 건 아니지 설마.
미조	어. 살 건 아니야.
찬영	근데 왜 옷을 가지고 와?
미조	주희랑 번갈아 가면서 올 거거든. 올 때마다 옷 들고 오기 귀찮잖아.
찬영	아니 니들은 내 의견 같은 건 안 중요하니?
미조	중요해. (닭다리 뜯으며) 그래서 여기서 사는 건 안 하려고.
찬영	번갈아 매일 오는 거면 사는 거잖아.
미조	어머? 매일 온다고 안 했는데? 우리도 바빠~!

찬영은 기가 찬다.

미조, 아참… 핸드백에서 종이 한 장 꺼내서 찬영 앞에 내준다.

찬영, 뭐야… 펴 보면. 순정만화 느낌의 여자 얼굴이 그려져 있다.

찬영 뭐야 이건?

미조 나 못 올 때 그거 봐. 내 얼굴 그린 거야.

찬영 설마 김선우 화백께서 그린 너의 자화상이신지….

미조 나랑 똑같이 그렸대.

찬영, 아…. 다시 그림을 본다. 미조도 사실 너무 웃긴다.

둘 다 푸핫! 웃음이 터진다. 그림이 과하긴 하다.

21.   차이나타운 주방 (밤)

영업이 끝난 시간. 현준이 웍을 들어 이리저리 본다.

강 선배(E) 정 셰프 짤렸어. 그 김에 쉬면서 공사하는 거고.

와 현준아. 니가… 수석 셰프야.

현준, 후… 고민이 깊다. 딸랑… 문 열리는 소리.

밖을 내다보면 주희가 머뭇 서 있다. 손에는 편의점 비닐봉지.

맥주가 가득 담겨 있다.

주희 퇴근 안 했으면… 아니 그냥 지나는 길에 불이 켜져 있어서.

현준 혼자 마시기 뭐했는데 딱이네요.

주희, 다행이다 싶어 조금 웃는다.

현준   안주 뭐 좀 만들까?
주희   종일 일했잖아요. 육포 샀는데.
현준   것도 좋고!

테이블에 다가와 자리를 만드는 현준. 주희, 맥주를 내놓는다.
주희, 이러면 안 되는데 현준의 얼굴을 보고 있자니 좋다.
자꾸 눈길이 현준에게 가는 주희. 눈치챌까 싶어 서둘러 시선을 돌린다.

22.   호텔 룸 안 (밤)

진석이 침대에 앉아 리모컨을 쥐고 TV를 보고 있다.
하지만 눈은 다른 생각을 하는지 멍하다.
옷가지들이 여기저기 쌓여 있다. 먹다 남은 편의점 레토르트 그릇도 보인다.
아무것도 하지 못하고 리모컨으로 채널만 돌리는 진석이 외로워 보인다.

23.   차이나타운 안 (밤)

빈 맥주 캔들. 가게 병맥주가 이미 나와 있다.

현준   어딜 가나 그런 진상 손님은 꼭 있어.
       나 호텔에 있을 때 말도 마요. 생각하기도 싫어.

주희	이젠 좀 지쳐요. 서른 중반까진 그런가 보다 넘어갔거든요?
	이젠 상처가 돼….
현준	나이 들어서 그런 게 아니지. 아무리 어려도 상처예요.
주희	(흠… 웃는다) 그래도 위로가 되네요.
현준	나 호텔에서 나올 때… 다 미쳤다 그랬거든. 이제 다 왔는데 조금만 버
	티면 수석 셰프 될 텐데 그걸 못 참냐고.
	못 참겠는데 어떡해. 내가 안 행복한데.
주희	멋지다.
현준	(막 웃는다)
주희	왜 웃어? 칭찬한 건데?
현준	첨 들어서요. 호텔 퇴사한 거 칭찬한 사람 아무도 없었거든.
주희	여자 친구도… 서운해해요?
현준	아무래도 뭐… 그 친구가 보기엔 이 가게가 동네 구멍가게 같을 테니까.
주희	서운하겠다, 현준 씨가.
현준	이해는 해요. 친구들한테나 가족들한테 '중국집 운영해'보다는 오성 호
	텔 셰프가 있어 보이지 뭐.
주희	아~~ 난 나이도 들고, 백화점 매니저도 슬슬 한계가 오고…. 뭐 하고
	살지? 걱정이다 진짜….
현준	있잖아요, 요즘은 나이에 0.8을 곱해야 실감 나이래.
	그럼 누나는 몇 살이야…. 보자… 서른 초반이네!
	아직 한창이지 뭐.

현준, 맥주를 꺼내러 간다. 주희 그런 현준을 보며 나지막이.

| 주희 | 그럼 넌… 20대잖아…. |
| 현준 | (돌아보며) 네? |

주희	아니에요, 한 병만 더 마시고 일어나자구요.

현준, 그러자고 웃는다.

24.   찬영 집 거실 (밤)

찬영, 이거 뭔데 차미조? 이런 눈으로 미조를 본다.
미조, 어… 계획한 거 아닌데… 억울하다는 눈으로 찬영을 본다.
카메라 이동하면, 소파에 복장 그대로 널브러진 주희가 보인다.

찬영	번갈아 가면서 온다며.
미조	아직 순번은 안 정했거든. 주희랑 나 정말 찐우정 아니냐?
주희	(피곤해 죽는다) 찬영아 나 추리닝과 부드러운 먼티 하나 주겠뉘.
찬영	너한테 맞는 게 있겠니!
주희	진석이꺼라도 줘….

미조, 앗!! 찬영, 이런 씨… 쿠션을 잡아서 주희에게 던진다.

찬영	진석이가 이 집에서 잔 적이 없거든!!!

주희, 쏘리~ 배시시 웃는다.

(점프)
찬영은 바닥에 엎드려 레슨할 대본을 보고 있다.
찬영의 허리를 베고 누운 미조, 핸드폰으로 인문학 유튜브 보고 있다.

주희(E)   다른 거 없어?

미조와 찬영, 주희를 보면, 주희 키가 커서 찬영의 추리닝이 짧고 꽉 낀다.
웃음이 나는 미조와 찬영.

주희   애들이 크다 말았어… 남들 클 때 뭐했냐?

주희, 소파로 가 눕는다.

미조   남들 클 때 예뻐졌지.
찬영   내 말이.
주희   (벌떡 일어나 앉으며) 야! 그럼 뭐 난 키만 크고 안 이쁘다는 거야?
미조   그렇게 들렸어? 제대로 들었네.
주희   우리 엄마가 나도 빠지는 얼굴은 아니라고 했거든!
찬영   그 말을 엄마한테 들었다는 게 안타까운 거야.
       (허리 꿈틀하며) 머리 좀 치워, 졸라 무거워….

주희가 쿠션을 미조에게 던져준다.

미조   머리에 든 게 많아서 무거운 거야.
찬영   돌대가리라 무거운 건 아니고?

미조, 에이 씨… 쿠션으로 찬영의 엉덩이를 퍽퍽 때린다.
아!!! 버럭하는 찬영.
주희, 아유 또 시작이다… 돌아 누워버린다.

/별다른 대화도 없이 드러누워 각자의 것을 하는 세 친구.

아무것도 안 해도 지구에서 제일 신나는 시한부와 그의 친구들 같다.

/한밤.

미조와 주희가 거실 바닥에 각자의 편한 모습으로 잠들어 있다.

찬영이 담요를 가지고 나와 각각 덮어준다.

잠이 든 친구들의 얼굴을 찬찬히 살펴보는 찬영. 절로 웃게 된다.

이내 슬퍼지는 찬영의 얼굴.

미조와 주희 사이에 비집고 들어가 눕는다. 끙… 하면서도 자리를 내주며 자는 미조와 주희.

미조와 주희 사이에 누워 눈이 말똥말똥한 찬영.

조용히 눈을 감는다. 포근한 얼굴로 잠을 청하는 찬영.

25.   찬영 집 (아침)

미조와 찬영은 부스스한 얼굴로 바이바이 중이다.

주희가 신발을 신고 현관을 나서려 한다.

주희   난 돈 벌러 간다.

미조   돈 많이 벌어 와 주희야.

찬영   많이 벌어서 현준 셰프 까까도 사주고.

주희, 으유… 하면서도 활짝 웃고 나선다.

미조 하품을 하며 소파로 가는데.

찬영	너도 가지?
미조	주말에 할 것도 없는데 가면 뭐해.

미조, 소파에 기대앉는다. 찬영, 곁에 와 앉아서 잔소리 시작.

찬영	선우랑 놀지?
미조	얘기했잖아. 색칠 공부 사이좋게 했다고.
찬영	너 양아치야.
미조	또… 뭐가 또 양아치야….
찬영	야, 김선우는 너 우울할까 종이접기, 색칠 공부, 어? 그렇게 신경을 써주는데 넌 아무것도 안 해주냐?
미조	나도 해!
찬영	뭐?
미조	…. 동생이랑 밥도 먹고….
찬영	동생이랑 밥 먹고.
미조	…. (없다)
찬영	이 여자 너무하네 정말… 평일엔 병원에서 빽이 치게 만들고, 주말엔 놀아주지도 않고. 완전 갑과 을이네.
미조	저녁에 만나서 밥 먹자 그래야겠다. 좀 양아치긴 해?

흐흐 웃는 미조. 이때 선우에게 전화가 온다. 찬영, 당장 받으라고.

26.   선우 집 거실 (아침)

머리가 눌린 선우, 우유를 마시며 통화 중이다.

선우	오늘 뭐 해요?

/이하 교차

미조	오늘… 그냥 있어요. 우리 저녁이나 먹을까요?
선우	그것도 좋고. 아니면… 캠핑 갈래요?
미조	캠핑??
선우	친구가 캠핑장 예약해놨는데 딸이 열이 나서 못 간대요.
	우리가 가면 어떨까 해서.
미조	오늘? 당장?
선우	가서 고기나 구워 먹고… 준비할 게 크게 없을 거 같은데?

27.　　찬영 집 거실 (아침)

당장 가겠다고 하라고 눈을 부릅뜨는 찬영.
미조, 갑자기… 어쩌지… 찬영, 묵음으로 양! 아! 치! 말한다.

미조	그래요. 바람 쐬고 오자.

찬영, 잘했다고 소리 없는 물개 박수!

28.　　선우 집 거실 (아침)

신난 선우, 핸드폰으로 '캠핑 준비물' 검색.

줄줄줄 메모지에 적는 선우. 블로그를 보니 텐트에 조명을 걸어둔 사진.

선우   오우. 좋다.

메모지에 [조명] 적는다

29.   커피숍 (낮)

선주, 흥신소 직원에게 진석의 사진과 찬영의 사진을 받는다.
나란히 산책하는 사진.
찬영의 집으로 들어가는 진석의 사진 등등.

흥신소 남자 이건 이 여자 집 주소구요.

선주, 메모를 받아든다. 수고비 봉투를 내주는 선주.

선주   사진은 버려주세요. 그럼.

선주, 차갑게 일어나 커피숍을 나선다.

30.   마트 안 (낮)

캐주얼한 복장의 미조와 선우가 카트를 밀며 장을 본다.
숯도 사고. 목살도 사고, 라면도 사고. 맥주도 산다.

미조	캠핑 자주 해요?
선우	(해맑다) 처음인데.
미조	(당황) 그럼 장비는? 다 있어요? 텐트 칠 줄 알아요?
선우	풀세트 샀지. 오다가 샀어요. 조명도 샀어. 인스타에 보니까 조명 달고 막 그러더라고?
미조	불안한데?
선우	믿어. 나 김선우야.

자신 있다는 선우의 장난스런 웃음. 미조, 갸웃… 불안하다.

31. 정가네일품밥상 카운터 (낮)

한가한 시간. 찬영 부 식자재 영수증 정리하고 있다.
찬영 모가 앞치마를 풀며 곁으로 온다.

찬영 모	나 서울 좀 다녀올까 싶어.
찬영 부	찬영이? 갑자기 왜….
찬영 모	그냥 요즘 부쩍 생각이 나네. 안 가본 지도 오래됐고.
찬영 부	그래서 반찬 만들었구나?
찬영 모	얼굴만 보고 오면 12시 전에 오지 뭐.
찬영 부	그래 다녀와.

찬영 모, 이유를 알 수 없는 불안한 얼굴이다.

32.　모멘트 매장 (낮)

주희가 난처한 표정으로 어린 여자 손님과 대치 중이다.
함께 일하는 매장 여직원은 이미 얼굴에 열받음 가득하다.
테이블엔 세럼이 포장 그대로 있다.

여손님　지난주 화요일에 샀다니까?
주희　구매 내역을 정확하게 알아야 저희가 환불을 도와드릴 수 있어요.
여손님　아니, 이거 하나 산 손님이 그렇게 많아?
　　　화요일 매출을 열어보면 딱 나올 거 아냐!
주희　회원이시면 전화번호로 찾아드릴게요. 죄송한데 핸드폰 번호…
여손님　회원 아니거든요? 아니, 내가 개인정보까지 제공해야 돼?
주희　죄송합니다, 고객님. 이 제품 찾으시는 고객님들이 많으셔서요.
　　　혹시 영수증 갖고 계신가요?
　　　영수증 보여주시면 신속하게 환불 도와드릴게요.
여손님　손님 응대 정말 그지 같네….

손님, 지갑에서 영수증 한 뭉치를 꺼내 주희 앞에 던진다.
바닥으로 떨어지는 영수증들. 주희 참혹하다.

여손님　찾아봐 그럼. 짜증 나게 정말. 팔 땐 고객님, 고객님 난리면서 환불은 뭐
　　　가 그렇게 복잡해!!

다른 매장 직원들도 걱정이 되어 눈치껏 이곳을 살핀다.
다른 손님들도 아유… 하면서도 누구 하나 말리지 못한다.
주희, 꾹 참고 영수증을 하나하나 주워 펴본다.

여손님   나 시간 없거든여!!
주희   죄송합니다. 잠시만요….

        주희, 금방이라도 눈물이 쏟아질 거 같지만 참는다.
        영수증을 찾았다. 주희, 영수증을 보고 손님에게 보여주며.

주희   세일가로 구매하셨네요. 카드 주시면 환불…
여손님   지금 세일 끝났잖아요.
주희   네?
여손님   지금 다시 팔면 정상가로 팔 거잖아. 그럼 정상가로 환불해줘요.
주희   …. 고객님. 세일가로 구매하신 건 세일가로 환불해드려야 해서요.

        사람들 다 여손님을 진상이네 바라본다.
        여손님, 시선을 의식했는지 갑자기 화를 낸다.

여손님   고객 응대 이따위로 할 거야!! 여기가 무슨 로드 숍이야!!
        왜 사람을 이렇게 힘들게 만들지?
주희   …. 카드 주세요. 구매하신 금액으로 환불해드리겠습니다.

        여손님, 더 물러날 곳이 없다. 신경질은 나고, 어쩔 줄 모른다.
        결국, 카드를 획 던지는데 주희 얼굴에 맞는다. 주희, 정말… 참담하다.
        매장 직원이 나선다.

매장 직원   제가 도와드릴게요. (카드를 집으려 하는데)
주희   줍지 마.
매장 직원   매니저님 제가…

주희	줍지 마.
여손님	미쳤구나, 이 여자.
주희	(손님을 본다) 주워서, 다시 주세요.
여손님	(부글부글) 여기 백화점 사장 나오라 그래~!!! 이게 뭐 하는 짓이야!!
주희	(차분하게) 이게 뭐 하는 짓이에요? 영수증 던지고, 카드를 사람 얼굴에 던지시는 건 아니잖아요.
여손님	너 짤리고 싶니?
주희	반말하지 마.

사람들이 다 모인다. 백화점 보안 직원이 달려오는 게 보인다.

주희	나 지금 여기 그만뒀어. (유니폼 명찰 뜯어내며) 그러니까 이제 직원 아니야. 지금부터 당신이랑 나 두 사람 일이야.
	사과하고, 카드 주워서 여기 직원한테 환불 요청해.
	당신이 산 세일가 그대로.
여손님	이거 완전 미친년 아니야? 뭐 이런 애를 뽑아 여긴?
주희	당신 같은 인간들 때문에 미치는 거야. 제발… 상식 선에서 놀아.
	이 답도 없는 진상아!

보안 직원이 와서 주희를 막아서고, 여손님은 더 난리고.
사람들은 더 모여들고. 누군가는 촬영 중이고…. 난장판이다.
주희, 수납장을 열어 파우치를 들고 유유히 매장을 걸어 나간다.

33. 백화점 앞 (낮)

주희, 당당하게 고객 출입문으로 나온다.
속이 시원하다. 하… 어디로 가야 하긴 하는데 가만히 서서 생각을 한다.

주희   아씨… 어디 가지?

이리저리 보기만 하는 주희.

34. 선우 자동차 안 (낮)

국도를 달리고 있다. 음악도 좋다.
이 시간은 좀 들뜬 미조와 선우.

선우   나오니까 좋죠?
미조   좋긴 하다. 흐흐.
선우   거봐, 안 해본 것도 하고! 안 가본 곳도 가보고!
        남자 친구 있으니까 좋죠?
미조   질문이 진짜 노골적인 거 알아요?
선우   좋으면서 그러더라?

이때, 미조의 핸드폰이 울린다. 주희다.

미조   어 주희야! 나? 나 지금 어디 좀 가고 있어. 왜?
        (듣는다, 놀라는) 뭐?? 진짜??? 무슨 일 있어?

아 무슨 일인데! 너 어디야 지금. 어. (난감한) 그래?

선우, 무슨 일이지 어리둥절하다.

미조 내가 지금 어디 좀 가서… 일단 집에 가. 돌아다니지 말고.
   다시 전화할게. 어. 어.

미조, 통화를 마치고 안절부절이다.

선우 왜?
미조 주희가… 아 갑자기 왜 그러지? 백화점 때려치우고 나왔대요.
선우 정말?
미조 아니 얘가 그럴 애가 아니거든. 신중하거든. 백화점을 10년도 넘게 다
   녔는데… 무슨 일이지…?

걱정하는 미조를 살피는 선우.

선우 서울로 갈까?
미조 (응이라고 할 뻔했다) 아니… 장비도 다 샀는데.
선우 다음에 가면 되지 뭐.
미조 고기도 샀고. 상하잖아요… 그냥 가요. 내일 만나면 돼.

선우, 좀 찜찜하지만 일단 가기로 한다.

35.   찬영 집 앞 (낮)

찬영이 쇼핑백을 들고 걸어온다.
어… 보면, 진석이 캐리어를 곁에 두고 찬영을 기다리고 있다.

진석   왜 전화 안 받냐….
찬영   두고 나갔어.
진석   어디 갔다 와?
찬영   주희 추리닝 사러.
진석   주희 걸 왜.
찬영   저건 뭐냐?

진석의 짐을 보는 찬영.

36.   찬영 집 거실 (낮)

진석, 캐리어 짐을 풀고 있다. 찬영은 화가 나 있다.

진석   호텔에서 도저히 못 있겠어. 창문도 안 열리고 답답하고.
          온도가 나랑 안 맞아. 습도는 너무 낮아서 목이 아프다니까?
찬영   집 있잖아. 왜 여기서 짐을 풀어?
진석   …. 라면 있냐? 호텔 밥도 느끼해. 매번 나가서 먹기도 뭐하고.
          찬영, 화가 나서 진석의 짐을 다시 캐리어에 우격다짐으로 넣는다.
          진석, 찬영의 손을 잡아 말린다.

찬영	오빠 이러는 게 나 더 힘들어. 왜 그래 진짜~!!
진석	난 같이 못 가.
찬영	…??
진석	(손만 붙잡고 고개도 못 들고) 너 가도… 난 아마… 같이 못 가.
	그럴 용기도 없고.
찬영	오빠가 왜 같이 가… 어? 오빠 오빠 인생 살아…!!
진석	그러니까. 이거라도 하게 해줘.

진석, 슬픈 눈으로 찬영을 간절하게 본다. 눈물이 고인다.

진석	부탁할게… 그냥 니 옆에서 가만히 숨만 쉬고 있을게.
	옆에만 있게 해줘. 없는 사람처럼 있을게, 니가 하라는 거만 하고 니가
	도와달라는 거만 도울게 제발….

찬영, 진석이 너무 불쌍하다.
둘 다 손을 꼭 잡고 아무 말도 못하고 처연하다.

| 찬영 | 너랑 나는… 악연이야. |

서로 부둥켜안고 한참을 우는 찬영과 진석.

37. 도로 (낮)

정가네일품밥상 사인이 붙어 있는 승합차가 달리는 것이 보인다.
담담한 얼굴로 운전하는 찬영 모.

38.   선우 자동차 안 (낮)

미조, 걱정이 되는데 안 그런 척 창밖을 본다.

미조   날씨가 좋다. 캠핑하기 딱 좋겠어, 그죠?
선우   내가 못 산다 정말….

선우, 웃으며 갓길에 차를 세운다.

미조   왜?
선우   (네비를 다시 찍으며) 서울로 가요.
미조   내일 만난다니까?
선우   거울 봐. 얼굴은 걱정이 잔뜩이잖아. (웃는다)
미조   아니야. 나 기분 좋은데.
선우   지금 에이아이 같거든요? 감정 1도 없는?
미조   장 본 건 어떡해요.
선우   내가 먹으면 돼요.
미조   그럼, 주희 잠깐만 보고 저녁에 집에서 먹자. 집에다 텐트 치고 먹자!
선우   좋은데? 그럼 주희 씨 만나고 집으로 와요. 내가 텐트 쳐놓고 준비해둘
       게요.
미조   조명도 달구.

한결 가벼워지는 미조의 얼굴. 너무 미안한지 선우의 팔짱을 낀다.

미조   고마워요….
선우   (놀란 얼굴) 설렜어. 처음인 거 알아요? 내 팔짱 낀 거?

미조   그런 걸 뭘 세고 그래. (싱긋) 가자.

선우, 차를 출발시킨다. 미조, 주희에게 전화를 건다.

미조   찬영이네서 보자. 거기로 와. 웅. 웅~!

미안하고 고마워하는 미조의 얼굴. 선우는 착하게 웃는다.

39.   찬영 집 거실 (낮)

컵라면에 물을 붓는 찬영. 진석은 식탁에서 다소곳이 기다린다.
거실 바닥에 풀어진 채로 있는 진석의 짐이 보인다.

진석   내가 할게….
찬영   말 걸지 마.
진석   웅.

초인종 소리. 찬영 놀란다.

찬영   올 사람이 없는데….

찬영, 이상히 여기며 현관으로 간다. 인터폰에 보이는 찬영 모 얼굴.
놀라는 찬영.

찬영   어떡해, 어떡해…

진석   (와서 보고는) 누구?

찬영   엄마.

다시 울리는 초인종 소리. 찬영, 아 씨… 문을 연다.

찬영 모   집에 있었네? 없으면 반찬이나 두고….

이제야 진석을 보고 놀라는 찬영 모. 찬영은 전전긍긍.

찬영 모   누구…?

진석   안녕하세요 어머님. (얼른 짐을 받아 들며) 주세요.

찬영 모   찬영아.

진석   처음 뵙겠습니다, 저는 김진석이라고 합니다.

찬영 모   안녕하세요. 우리 찬영이… 남자 친군가?

거실에 보이는 진석의 짐. 누가 봐도 남자 짐이다.

진석   제가 좋아서 쫓아다니는 중입니다.

찬영 모, 어느새 표정이 환해진다. 괜한 걱정을 했다는 얼굴이다.

찬영   운전해서 왔어? 들어와 엄마.

찬영 모 신발을 벗고 들어오면서도 진석을 살핀다.
진석은 반찬 짐을 식탁에 올려 두며 어쩔 줄 몰라 하는데 그 모습을 찬
찬히 보는 찬영 모.

찬영 모	저녁을 벌써 먹는 거야? 아니면 점심을 놓친 거야….
찬영	난 먹었어. 오빠가 아직….
찬영 모	라면을 주면 어떡하니… 앉아요 금방 밥 해줄게.
	반찬 좀 싸 오길 잘했네.
진석	저 컵라면 좋아해요 어머님. 앉아서 숨 좀 돌리세요.
찬영 모	금방 해요. 앉아, 앉아.

신나 보이는 찬영 모의 모습을 보는 찬영. 차마 아무 말도 못한다.
진석과 눈이 마주치자 아무 말도 하지 말라고 고개를 젓는 찬영.

40.　　선우 자동차 안 (늦은 오후)

찬영의 집 앞이다.
미조가 미안해하는 얼굴로 선우를 본다.

선우	주희 씨 위로 잘 해줘요.
미조	준비 딱 해놔요!
선우	출발할 때 전화하구.
미조	오케이~!

미조, 선우를 보낸다. 찬영의 집으로 들어가려는데.

주희(E)	차미조!!

보면, 주희가 오고 있다. 미조, 주희 보자마자 주희 엉덩이를 톡톡톡.

주희	하지 마 쫌….
미조	아유 기특해~ 때려치울 줄도 알고, 아이고 잘했네~!
주희	아 그만 만져~!

건물 안으로 들어가며,

미조	찬영이는 뭐래.
주희	니가 전화 안 했어? 난 그냥 왔는데?
미조	진짜? 얘 없는 거 아냐?

41.   찬영 집 주방 (늦은 오후)

식탁에 앉아 있는 미조, 주희, 찬영, 진석.
찬영 모 국을 만들고 있다.
미조와 주희 헐… 표정 관리하며 이 조합에 적응 중이다.
진석은 조마조마 얼음이 되어 있다.
찬영이 슬쩍 미조에게 문자를 보낸다.

문자/ 진석이 얘기, 나 아픈 얘기, 하지 마. 죽는다 너.

미조, 찬영 모 시선 닿지 않을 때마다 진석을 노려본다.
진석, 에이… 시선을 피한다. 주희는 눈알만 굴리고 있다.

찬영 모	오늘 이상하게 와보고 싶더라? 다 모이니까 좋다 야.
미조	(영혼 1도 없이) 저두요.

찬영   (미조를 흘기며) 너 왜 문자 안 봐… 문자 왔을 텐데.

자기가 보낸 문자 보라는 손짓.
미조 어쩌라고 고개를 홱 돌려버린다.
찬영, 아유… 빡친다.

주희   오늘은 딱 날 좋아요 엄마. 나 허기지거든요.
찬영 모 삼겹살 좀 사 올까?
찬영   일 커져. 충분해 엄마. (미조 보며) 문자 왔을 텐데 차미조.

미조, 왜 저래… 이제야 핸드폰을 찾는다. 없다.

미조   어 내 핸드폰 어딨지?
찬영   김선우 차에 있겠지.
미조   떨어뜨렸나 봐.

진석, 조용히 핸드폰으로 선우에게 전화.

진석   어 선우야.

미조, 괜히 진석을 노려본다.

진석   차미조 핸드폰 니 차에 있니? 있구나.
찬영   (핸드폰 뺏어서) 미조 어디다 내려줬어요? 그 건물로 다시 오세요.
       밥이나 먹고 가요, 우리 엄마 밥 맛있어. 702호. 네.
       멀리 안 갔죠? 빨리 오세요, 차미조가 다 처먹기 전에.

찬영 모	누가 또 와?
찬영	미조 남자 친구.
찬영 모	주희는.
주희	전 안 부를게요, 집도 좁은데.
찬영 모	다들 앞가림은 하고 사네. 괜히 걱정했어!

그 말에 절로 고개가 숙여지는 찬영. 진석도 주춤.

미조	엄마 밥 언제 다 돼요? 배고파.
찬영	김선우는 차미조가 뭐가 좋을까? 지금쯤 텐트 치고 고기 구울 타이밍인데 여기 와 있으세요?
주희	캠핑 가는 중이었어?
미조	(찬영에게 이빨 꽉 깨물고) 니 코가 석자세요⋯.

찬영, 조용하라고 눈 흘긴다.

찬영 모	불고기도 좀 재 올 걸. 뭐 좋아해요?

진석, 멘탈 털려 있다.

주희	오빠?
진석	어?
찬영 모	내가 어렵나 보다⋯. (환하게 웃으며) 편하게 있어요.
주희	오빠 뭐 좋아하냐고.
진석	찬영이 좋아합니다.

미조, 풉… 미친놈… 아유… 이젠 웃는 미조.
찬영도 풉 터졌다. 주희 깔깔 웃고. 찬영 모 멍하다가 이내 웃는다.

42.　　선우 자동차 안 (늦은 오후)

미조 핸드폰이 조수석 의자 틈새에 끼어 있다.
꺼내 들고 웃는 선우.

43.　　찬영 집 주방 (늦은 오후)

밥을 차리는 찬영과 미조와 주희.
진석은 뭘 해야 할지 몰라 그녀들 뒤에서 주춤.
찬영 모는 국 간을 보고 있다.

찬영 모　심심하게 드시나?
진석　아이고 어머니 말씀 편하게 주세요. 저 아무거나 잘 먹습니다.
미조　엄마 너무해. 우리한테는 왜 안 물어봐요?
주희　눈치 좀 있어라….
찬영 모　그르게. 미조가 그래도 젤 똑똑하다 했더니 오늘 보니까 영 그렇다?

모두 이 순간만큼은 웃고 있다. 초인종 소리 들린다.

미조　(은근 반색) 벌써 왔네?

다다다 달려 나가는 미조를 보는 찬영. 저렇게 좋으면서….

미조, 인터폰 볼 겨를도 없이 현관문을 연다. 정색이 되는 미조 얼굴.

문 앞엔 선주가 서 있다. 미조의 얼굴이 하얗게 질린다.

진석(E)   어머님은 음식 잘하시는데 찬영이는 왜 라면도 간이 안 맞는지 모르겠
        어요.

        점점 굳는 선주 얼굴.

찬영 모(E) 일부러 안 하는 거지 너?

찬영(E)   아니야~!!

선주 분기탱천해서 밀고 들어오려는데 미조가 온몸으로 밀어내고 함께
밖으로 나간다. 현관문이 닫힌다.

44.   찬영 집 현관 앞 (늦은 오후)

엘리베이터가 7층에 있다. 미조, 다짜고짜 버튼 누르면 엘리베이터 문
이 열린다.

선주   비켜요.

미조, 아무것도 생각하지 않는다. 무작정 선주를 엘리베이터에 밀어 태
운다.

자신도 타서는 닫힘 버튼을 누른다.

45.   찬영 집 앞 (늦은 오후)

선주의 팔을 잡고 당기며 나오는 미조. 얼굴에 어떤 신념이 가득한 거 같다.

선주   이거 못 놔요!! 차미조 씨!!!

미조(N)   나는 지켜야 했다.

건물 밖으로 선주를 끌고 나온 미조. 선주 앞에 마주 서는데 온몸이 바들바들 떨린다.

미조(N)   한여름 밤의 꿈 같은 순간이라 해도, 찬영이와 진석 오빠와 엄마의 시간을 지켜야 했다.

미조   가주세요. 부탁드릴게요. 제발 부탁이에요….
선주   당신들 다 사람 아니야. 내 남편을 지금… 당신들 뭐 하는 건데!!
미조   뺨을 때리면 맞을게요. 머리를 잡아채면… 뜯겨줄게요.
       오늘만… 제발 오늘만… 가주세요….

미조, 시야가 흐려진다. 삐… 소리가 귀에 울린다.

미조(N)   곧 부서지겠지만, 한 번은… 딸의 남자 친구에게 밥을 지어주는 엄마의 시간을 지켜야 했다. 한 번은… 엄마에게 남자 친구를 소개한 시간을 지켜야만 했다.

미조의 얼굴에 식은땀이 가득하다. 그대로 무릎을 꿇고 애원하는 미조.

미조   부탁드려요. 뭐든 할게요. 제발… 그냥 가주세요.
선주   도대체… (눈물이 찬다) 정찬영은 뭐야…? 김진석, 차미조….
      당신들의 정찬영은 뭐냐고.

선주, 이제야 미조의 맨발을 본다. 조금씩 떨고 있는 미조를 본다.

선주   지독하다….

선주, 주차해둔 차에 올라 가버린다.
시야가 흔들리는 미조, 그 앞에 나타나는 선우 얼굴. 선우 얼굴이 흔들
려 보인다. 선우의 슬프고 놀란 얼굴.

선우   맨발로 이게 뭐야….

미조, 공황장애로 스르륵 쓰러지는데, 선우가 꼭 안는다.
마치 잠이 드는 것처럼 기절하는 미조.

미조(N)   신념. 정직하자는 나의 신념을 버리고. 지켜야만 했다.

미조를 안고 찬영 집이 아닌, 왔던 길로 돌아서 걸어가는 선우.
마음이 너무 아픈 얼굴로 미조를 꼭 안고 걸어간다.
미조의 하얀 발이 애처롭다.

엔딩.

서른, 아홉 1

1판 1쇄 인쇄 2022년 3월 18일
1판 1쇄 발행 2022년 4월 4일

지은이 유영아
펴낸이 김영곤
펴낸곳 ㈜북이십일 아르테

책임편집 김연수 **교정** 김지은 **디자인** 권예진
문학팀 장현주 임정우 김연수 원보람 최은아
마케팅2팀 나은경 정유진 이다솔 김경은 박보미
출판마케팅영업본부 본부장 민안기
출판영업팀 김수현 이광호 최명열
제작팀 이영민 권경민

출판등록 2000년 5월 6일 제406-2003-061호
주소 (10881) 경기도 파주시 회동길 201 (문발동)
대표전화 031-955-2100 **팩스** 031-955-2151 **이메일** book21@book21.co.kr

아르테는 ㈜북이십일의 문학 브랜드입니다.

ISBN 978-89-509-0008-3 04680
ISBN 978-89-509-0010-6 (세트)